che deportista

De quien admira
tanto al Che como yo

Mayra
7/3/99

che deportista

EDITORA POLÍTICA/La Habana 1995

Edición: *Norma Castillo Falcato*
Diseño: *Eufemia Álvarez*
Realización: *Alfonso Prieto*
Corrección: *Ana María Rebollo, Ramón Caballero* y *Aurelio García*
Composición: *Tania García, Dalina Larramendi* y *María Elena Anido*

ISBN 959-01-0179-8

Impreso en el taller "Abel Santamaría" de la Editora Política.

Editora Política
Fax: (537) 811024
Belascoaín No. 864, Ciudad de La Habana, Cuba

Una vez más afirmamos que de no haber contado con la cooperación en mayor o menor grado de muchos colaboradores, no hubiese sido posible la conformación de este libro. A todos ellos mis sinceros agradecimientos.

En primer lugar a Conrado Martínez Corona, presidente del INDER, quien desde que conoció la idea la apoyó decididamente. A Manuel Vaillant, Ciro Pérez, José Luis Anaya y al departamento de fotografía, a Jaime Caminada, Ricardo Chang, Chino, Martica Duque de Estrada, Mirilían Prat, José Francisco Reinoso y Enrique Figuerola, todos del mencionado organismo.

Sin la valiosa ayuda de los restantes organismos y compañeros tampoco se hubiese podido completar la investigación para el libro: el periódico Granma, por medio de su director, Jacinto Granda, en especial a su Jefe de Archivo, Delfín Xiqués y al fotógrafo Ernesto Mastrascuza; a la Oficina de Asuntos Históricos del Consejo de Estado, por medio de su director Pedro Álvarez Tabío, a Elsa Montero, Ada Isabel Plasencia, Magda, Fernando González y Asunción Pelletier, Lucy, de la citada Oficina. Al Instituto de Historia de Cuba, por medio de su presidente Manuel López, Margarita Hernández y Hedy Rosa Madruga. A la Editora Verde Olivo por medio del coronel Eugenio Suárez y a Mercedes Cardosa. A la revista Bohemia y a su archivera Yileria Rivera. A la Editora Política, por medio de su director, Hugo Chinea e Iraida Aguirrechu, y a Perfecto Nieto de la redacción de Palante.

A Alberto Granado, José Luis Barreras, Severino Rosell y Orlando Borrego, quienes además de facilitarnos sus testimonios nos entregaron documentos, fotos y revistas en relación con la actividad deportiva de Ernesto Che Guevara. A Iván López, quien a petición nuestra realizó la entrevista a Roberto Guevara, en Buenos Aires, durante un viaje de trabajo que realizara a Argentina. A Jorge Santamarina, que como siempre busca tiempo para pacientemente revisar los borradores y sugerirnos valiosas observaciones. Al reconocido fotógrafo Alberto Korda quien nos facilitó varias fotos. A la Comisión Nacional de Historia del Deporte, con la que tuvimos un agradable y fructífero encuentro sobre este libro. A Juan Carlos Silió, quien nos atiende en los problemas de la computación. Y a mi hijo William Sergio, por su ayuda en la comprobación de datos, busca de documentos y traducciones del inglés.

Si este libro contribuye a que Che sea un ejemplo a imitar por nuestra juventud en una actividad tan hermosa como es el deporte, y que sea un acicate más para nuestros actuales y futuros atletas, ello dejaría la mayor y más bella recompensa para los que lo hicieron posible.

A todos los que practican y aman el deporte

Faziala ir derecha quando la duana del palo;
era en el depuerto sabidor e liuina...

La hacía ir recta al golpearla con el palo/
cuando la recibía no se le iba de la mano/
era en el deporte entendido y ágil.

DATOS DEL AUTOR

William Gálvez Rodríguez (21-10-1933), Holguín. Cursa sus primeros estudios en esa ciudad. Por sus actividades contra el golpe militar del 10 de marzo de 1952, es separado del Instituto Tecnológico de Holguín e ingresa en el de Segunda Enseñanza de Santiago de Cuba.

Participa en la lucha estudiantil y en diversas acciones de organizaciones oposicionistas e insurreccionales. Ingresa en el Movimiento Revolucionario 26 de Julio al ser creado este en 1955. Sufre prisión en varias oportunidades. Toma parte en las actividades del 30 de Noviembre en Santiago de Cuba.

Guarda prisión por estos hechos, al quedar en libertad regresa clandestinamente a Holguín por orden de Frank País, para reorganizar el MR-26-7 y lo dirige hasta incorporarse al Ejército Rebelde en la Sierra Maestra.

Forma parte de la legendaria invasión al occidente de la isla comandada por Camilo Cienfuegos y Ernesto Che Guevara, con el grado de capitán.

Finaliza la guerra de liberación en el Frente Norte de Las Villas a las órdenes de Camilo Cienfuegos, como jefe de Columna.

Ostenta el grado de General de Brigada. Es militante del Partido Comunista, Licenciado en Ciencias Sociales e internacionalista.

Es autor de los libros de carácter histórico: *Camilo Señor de la Vanguardia*, *Salida 19*, *Frank entre el sol y la montaña* y *El joven Camilo* este último en edición. También ha escrito los guiones para un serial sobre la vida de Frank País, en preparación para su filmación. Sobre los mismos temas,ha publicado numerosos trabajos en la prensa nacional e internacional ha impartido conferencias sobre Camilo, Che, Frank y sobre nuestra guerra de liberación en centros de trabajo, de estudios, militares.

Ha incursionado en el género policiaco con la novela *7 días en La Habana* premiada en el Concurso Aniversario del Triunfo de la Revolución en 1991, que será publicada próximamente. En 1992, en el mismo concurso, obtiene el primer premio en guión policiaco con *Cubo Ruby* en preparación para ser filmado.

Obtuvo el premio en biografía en el Concurso 26 de Julio de1993 con *Viajes y aventuras del joven Ernesto*, en edición, y en enero de 1995 el premio testimonio del Concurso Casa de las Américas, con el libro *El sueño africano de Che. ¿Qué sucedió en la guerrilla congolesa?*

Trabaja actualmente en coordinación con el Instituto de Historia de Cuba para la publicación de una biografía completa del Comandante Che Guevara.

INTRODUCCIÓN

El quehacer revolucionario del Guerrillero Heroico por lograr la justicia social es conocido en mayor o menor grado. Sin embargo, es desconocido o poco conocido, que él poseía otras cualidades. Todo indica que de no haber escogido ese camino hubiese podido ser también figura cimera en disciplinas como ciencias médicas, economía, literatura, estudios arqueológicos o en deportes. Aunque no se dedicó por entero a ellas, existen pruebas de que fue destacado en estas.

Che deportista, como libro, surgió del estudio de su vida, base para una biografía en elaboración por el autor; de las investigaciones realizadas con ese objetivo, del seguimiento de su trayectoria tan rica, que dio por resultado la conformación del héroe americano que todos conocemos, que tanto admiramos y que también todos, hasta sus enemigos, siempre respetamos. Y después de su consagración definitiva en la Quebrada del Yuro, más aún. Para siempre.

El estudio de su vida nos fue revelando lo que es el mensaje central de estas páginas: Che fue un apasionado deportista, un hombre permanentemente interesado en los deportes y, hasta donde le resultó posible, un activo practicante de varias de sus disciplinas.

El trabajo tiene como principal objetivo dar a conocer la actividad deportiva del Che, y demostrar cómo un joven, a pesar de padecer una enfermedad muy antagónica con dicha práctica, el asma en grado agudo, es capaz de sobreponerse y, conforme a su recia voluntad, llegar a ser un destacado y apasionado deportista. Para tal aseveración nos preguntamos:

¿Qué es un deportista?

De un libro sobre estas actividades copiamos: "Deporte o deportista. Actividad atlética. Mensaje que fue divino en los remotos tiempos griegos. Desarrollo, idea, maña. El deportista es un cultor del ejercicio organizado..." En el diccionario Sopena su significado es: "Persona aficionada a los deportes, o que es entendida en ellos." Y el Larousse expone: "Aficionado a los deportes." Por lo leído, no necesariamente hay que ser estrella en alguna de las numerosas disciplinas que se practican, para ser considerado un deportista. Es por ello que puede afirmarse que el comandante Ernesto Che Guevara lo fue en toda la extensión de la palabra. Sin embargo, preferimos que sea el lector, tras sus pasos por estas páginas, quien determine si realmente fue *Che deportista.*

I. SOLO DEJARÉ DE PRACTICAR DEPORTES CUANDO ME MUERA

Aunque las nubes grises presagiaban un aguacero, los entusiastas jóvenes no han desistido de jugar el partido señalado para esa tarde, en una modesta cancha cordobesa. Para Ernesto, que ocupa la posición de medio *scrum,*todo va de lo mejor y su equipo, aunque por la mínima, está ganando. Pero poco antes de finalizar el duelo, el tiempo se tornó más frío y un aguacero, no muy fuerte, empapó a los jugadores. Al poco rato el fango cubre los colores negro y azúl celeste y el número 5 de su uniforme. Sabido que el reglamento exige que se debe seguir jugando bajo la lluvia, el partido no se detiene.

El agua fría le augura un seguro ataque, que no demora en aparecer. El sudor se le mezcla con el agua y el fango. El característico jadeo interrumpe su respiración, pero se mantiene en el juego e incluso no deja de lanzar voces de aliento a su equipo. Dentro de poco finalizará el tope. Su hermana Ana María observa el partido y a pesar de la distancia se ha dado cuenta de que el asma lo ha atacado; eso la desespera, pero no es capaz de intervenir para que salga, pues está segura de que no lo hará. Pero la desesperación de su hermano es mayor, y los pocos minutos que faltan para terminar el partido le parecen eternos.

De pronto le pasan el balón y se decide a "abrir", mira a su derecha y puede observar a tiempo el cuerpo en el aire de un contrario en busca del *tackle*, pero lo puede esquivar ágilmente. Sin pérdida de tiempo deja caer el balón y sin saber de dónde, le salen fuerzas, lo patea y ve como vuela por el aire; en ese instante la falta de aire llega al extremo, la vista se le nubla, se siente desfallecer y cae en el suelo enfangado.

Más tarde despierta en la cama de su cuarto. A su lado están la madre y el padre.

—Mira, Ernesto, el doctor se acaba de ir y nos dijo que estuviste a punto del infarto, y que no solo no puedes seguir jugando el *rugby*, sino que tienes que dejar de hacer deportes —expone el padre con expresión ceñuda.

—Hijo, yo creo que por lo menos debes dejar por un tiempo los deportes que sean de tanto esfuerzo —agrega la madre con tono más suave.

—Quiero decirles a los dos que solo dejaré de practicar deportes cuando me muera, porque si no lo hago, sí me voy a morir de verdad —responde Ernesto disgustado.

Tal como cuando era más pequeño, los padres estaban seguros de que todo continuaría como hasta ese momento, ya que nadie lo convencería de lo contrario, nos contó su hermana Ana María.

Don Ernesto: "Ernesto había nacido con una conformación física excelente, pero debido a una neumonía que le afectó en la ciudad de Rosario, cuando aún no tenía quince días de edad, quedó con una propensión a las afecciones pulmonares, y a los dos años esta propensión hizo crisis con su primer ataque de asma.

"El ataque duró muchos días y Ernesto quedó marcado definitivamente por esta enfermedad. La arrastró siempre y fue un tremendo obstáculo en su vida.

"Con su carácter de acero contraatacó el mal de forma tal, que mediante ejercicios físicos —principalmente natación y gimnasia— consiguió superar ese lastre y llegó a ser un buen nadador en estilo mariposa y un excelente jugador de golf. Además, practicó la esgrima, el patinaje, la equitación, el boxeo, la pelota a mano y con paleta, el tenis, el fútbol, el *rugby* y el alpinismo."[1]

1 Ernesto Guevara Lynch: *Mi hijo el Che*. Sudamericana Planeta S.A. Barcelona. Impreso en Argentina, 1984, pp. 240-241.

En esta ocasión el padre olvidó mencionar también el tiro, el ciclismo, el baloncesto, el ping pong, el ajedrez, el motociclismo, los bolos y en Cuba aprendió y jugó béisbol y *softball*. Con relación al patinaje, nos dijo Alberto Granado que Ernesto lo hacía muy bien con patines de rueda, en lo que su hermana Ana María era una estrella. Por su parte, ella nos contó que su padre no exageró en cuanto a todos los deportes que practicó su hijo mayor. Realmente —agregó— Ernesto fue un gran deportista y se sentía muy bien cuando jugaba cualquiera de ellos.

Sobre el boxeo, Roberto ha dicho: "Hicimos con los amigos un *nng* de boxeo en Alta Gracia, y nos regalaron un solo par de guantes. Entonces un contendor se ponía el izquierdo y el otro el derecho." Y Alberto nos dijo que en Córdoba lo practicaban con los amigos, para lo que entre todos compraron dos pares de guantes, asesorados por uno que sabía de eso. También el cubano Severino Rosell afirma que lo practicó con él en Ciudad México, aunque en contadas oportunidades. De la esgrima, la pelota a mano y con paleta, no hemos encontrado testimoniantes.

Roberto Guevara: "En cuanto a sus condiciones deportivas, fue un buen deportista más, entre los muchos que había (salvo en el ajedrez que siempre jugó extraordinariamente bien), y si en algo se destacaba netamente era en la garra que ponía para cualquier actividad.

"Lo que faltaría por enumerar es el enorme gusto de Ernesto por una mezcla de deporte y de aventura, que comenzó por las salidas de casi todos los domingos a la sierra cordobesa..."[2]

LA INFLUENCIA

Es innegable que de la madre le vienen a Ernesto Che Guevara de la Serna sus principales características personales y entre ellas,

2 De la entrevista realizada por Iván López y el autor. Buenos Aires, mayo de 1994 y marzo de 1995.

su inclinación a los deportes, aunque no podemos negar que inicialmente tanto ella como el padre consideraron necesario cumplir las recomendaciones médicas, en el sentido de evitarle cualquier esfuerzo físico. Pero ambos, admitiendo la posibilidad de que su hijo pudiera morir de un momento a otro, dieron rienda suelta al niño para que practicara todo tipo de deportes a pesar de su padecimiento asmático. Desde pequeña, a su madre le agradó sobremanera la natación y llegó a ser una excelente e intrépida nadadora, capaz de vencer grandes distancias. En más de una ocasión estuvo a punto de ahogarse por tratar de cruzar lugares peligrosos. Practicó además el tenis, el hipismo y el campismo.

NACIMIENTO

La ciudad de Rosario, al noroeste y a 150 kilómetros de Buenos Aires, se extiende irregularmente en la ribera del río Paraná. El matrimonio Ernesto Guevara Lynch y Celia de la Serna y de la Llosa, de holgada posición económica, arribará a esta ciudad procedente del lejano Caraguatay, en la provincia de Misiones —donde poseen una hacienda productora de yerba mate—, luego de un largo viaje en barco por el imponente río Paraná. El motivo del viaje es el primer parto de Celia.

Días más tarde, en la sala de espera del Hospital Central Municipal o Centenario —calle La Rioja y Dorrego—, con marcada impaciencia, don Ernesto espera el resultado del parto de su mujer. A pocos metros, en el salón de maternidad, el médico auxiliado por una enfermera asiste a doña Celia en sus últimos esfuerzos por concluir el paritorio, que se desarrolla normalmente. Minutos más tarde el llanto de la criatura llena el salón.

—¡Varón, doña Celia, varón...!

A pesar de los dolores, la novicia madre logra sonreír y expresa: Avisen a Ernesto.

Al conocer la grata noticia, este exclama: ¡Qué bien, se llamará Ernesto!

Tal vez los padres desconocieran que el nombre escogido para su primer hijo es de origen germánico y significa lucha, firmeza, fortaleza.

En la siguiente tarde, ante el jefe encargado del Registro del Estado Civil de la ciudad de Rosario, departamento del mismo nombre, provincia de Santa Fe, por medio del acta 324 queda constancia del nacimiento del niño Ernesto Guevara de la Serna, a las 3 y 5 minutos de la madrugada del 14 de junio de 1928. Aunque en el acta aparece nacido en la casa de la calle Entre Ríos 380, los familiares mayores afirman que fue en el centro de salud señalado.

Del hospital, la familia va a residir al apartamento de Entre Ríos 380, esquina a Urquiza. El bebito ha aumentado la felicidad de la pareja, pero por pocos días, ya que el primogénito enferma gravemente de bronquitis. A pesar de su fragilidad física y de los reservados dictámenes del médico, que dejaban entrever la posibilidad de un desenlace fatal, el niño logra rebasar la enfermedad que, según los especialistas, tal vez pudiera haber sentado las bases de su futura e inseparable asma.

En Buenos Aires van a residir con la abuela en Arenales y Uribure. Tan pronto llegan a la capital el niño es bautizado. Los bosques de Palermo, en Buenos Aires, es lugar frecuentado por los bonaerenses para ir a disfrutar el aire puro y dar paseos. La familia Guevara de la Serna no será una excepción de esta agradable costumbre, ahora acompañada de Ernestito cada vez que es posible, por no decir todos los días. Los paseos se extenderán a la estancia de la abuelita, en Santa Ana de Ireneo Portela. Una vez que el matrimonio considera que su hijo está lo suficientemente repuesto, regresan a Caraguatay.

1929. CARAGUATAY

Todo indica que el clima selvático de Caraguatay no ha sido dañino para Ernestito. Allí cumple el primer año y vive feliz y saludable, al cuidado de la celosa vigilancia de la madre y la niñera. Realizan todo tipo de juegos acordes a su edad y casi a diario, cuando el tiempo lo permite, lo pasean en un pequeño coche tirado por dos mulas.

Como ya el niño camina, un día su padre le dijo: Ernestito, ve a la cocina y trae el mate. Cumplir esta misión le costó varias caídas al no poder vencer una zanja que se interpone en su camino, pero a pesar de ello no ceja en el empeño hasta vencer el obstáculo, bien temprana manifestación de su voluntad, que llegaría a ser proverbial.

INCULCÁNDOLE EL AMOR A LA NATURALEZA

Al pequeñín le agrada mucho cuando el padre lo sienta en la parte delantera de la montura y salen a pasear a caballo por los alrededores, para ver las mariposas revoloteando entre la vegetación, en especial los bellos e innumerables tipos de helechos, contemplar los papagayos y el tucán con su enorme pico, o escuchar el canto risa del urutaú. En ocasiones se detienen para observar las grandes bandadas de loros que cruzan sobre sus cabezas, con su escándalo habitual, que llaman la atención del bebito.

Cuando el recorrido se extiende por ríos y arroyos, aprecian los intrincados bosques de tacuarembó y tacuaras (cañas bravas), donde pueden contemplar diversas especies de la fauna que allí habita. Con el propósito de conocer una de las maravillas del mundo, las cataratas del Iguazú, el matrimonio se traslada hasta allá y lleva consigo al niño, el que, por supuesto, nada pudo disfrutar por su corta edad. De su infancia y estancia en Caraguatay se han publicado muchas fotos en los distintos libros y artículos que se refieren a su vida.

LA PESCA

Según el padre, también le atraen los recorridos en el pequeño yate *Kid* por el Alto Paraná y algunos de sus afluentes, por donde suele ir a pescar, mientras su chiquitín trata de imitarlo. En esas aguas campea el yacaré (caimán). Cuando el trayecto es más largo, el niño, aunque sin tener conocimiento de lo que ve, puede contemplar los soberbios bosques de gigantescos árboles. Bajo el influjo del medio, de manera inconsciente el pibe va sintiendo curiosidad y amor por la naturaleza.

En diciembre de 1929 a Celia le falta poco para parir nuevamente y esta vez lo hará en la capital. A fines de ese mes nace la primera hermana de Ernesto, a la que nombran igual que a la madre.

1930. APARECE EL ASMA

En el verano de este año la familia se traslada a San Isidro, en la ribera del río La Plata, al norte de Buenos Aires. Pueblo de vetustas casas y arquitectura europea, rodeadas de jardines llenos de flores y con patios y aceras arboladas. Allí disfrutarán de la playa del río.

En la media mañana de un día del mes de mayo el cielo está encapotado y el aire es frío y húmedo, aunque no lo suficiente como para impedir a Celia ir a nadar, quien considera normal hacerlo en cualquier momento, a no ser que estuviese lloviendo torrencialmente, con rayos y centellas. La madre lleva de la mano a su pequeñín y se dirige hacia la playa del Club Náutico de San Isidro, en el río La Plata. Viste trusa negra a medio muslo, de tirantes en la espalda, cordón ajustado a la cintura y gorro de goma cubriendo su cabello. Juguetea con el pibe dentro del agua, nada con él sobre la espalda de un lado a otro, pasado un rato regresa a la orilla y luego vuelven al agua. Pero el tiempo comienza a cambiar bruscamente y la frialdad es notable, lo que obliga abandonar el lugar. En la orilla abriga al nené, que comienza a tiritar.

En la casa el niño muestra síntomas de no sentirse bien, pero pensando que sería algo pasajero no acuden al médico, hasta ya de noche, al escuchar su constante tos y verlo bastante alterado.

Don Ernesto: "...llamé a un viejo vecino nuestro —el doctor Pestaña—, quien no le dio demasiada importancia a la enfermedad y diagnosticó bronquitis asmática sin complicaciones, conectando este ataque con una vieja neumonía que Ernesto había contraído en la ciudad de Rosario... Dos años después, tal vez el frío había desatado el ataque.

"Quizá tenía propensión congénita a esa enfermedad, de la que Celia había padecido en la infancia.

"Le recetó lo corriente en aquella época: calor, jarabe con adrenalina, cataplasma y otros paliativos.

"Ernesto mejoró, pero el asma, aunque aliviada, no desapareció.

"Este ataque le duró varios días. El doctor Pestaña comenzó a preocuparse por su persistencia. Por fin mejoró bastante, pero en cuanto se le descuidaba en el abrigo, o por cualquier otro motivo, le volvían los ataques asmáticos." [3]

Las crisis se suceden en cortos intervalos, señal de que el mal se ha hecho crónico. Los padres, desesperados, viajan a la capital para que los mejores especialistas traten al niño. Luego de minuciosos chequeos, placas y distintos análisis, determinan bronquitis asmática, aguda y perseverante.

JUEGOS INFANTILES

En 1931 nace el tercer hijo, Roberto. De nuevo asistirán al conocido y amplio Bosque de Palermo, con jardines, lagos y parques zoológico y de diversiones. Allí Ernestito, ahora con su hermana Celia, primos y amiguitos, van a jugar. Es el tiempo de aprender a montar triciclos y otras diversiones.

CAMPISMO, PASEOS EN PONYS Y PESCA

Se hacen frecuentes las visitas a las estancias y quintas ya conocidas de la abuela Ana, tíos y sus amigos en las afueras de la ciudad, donde disfrutan del sol y el aire libre, cabalgan en *pony* y realizan extensos recorridos por el delta de los ríos Paraná y Uru-

3 Ernesto Guevara Lynch: *Mi hijo el Che*. Ed. cit. pp. 139-140.

guay, para pescar el dorado. Estas diversiones hacen muy feliz a Ernestito y los demás niños, pero el asma persiste y las numerosas medicinas y los cambios de médicos no logran controlar el desagradable padecimiento, que hace que el niño crezca penosamente. Todo esto, unido a las constantes vigilias de sus padres y familiares, va transformando el modo de vida de los Guevara de la Serna.

Para Ernestito, su mayor enemigo es el aire, y lo peor de todo es que no le resulta previsible saber cuándo traidoramente se ha de negar a salir de sus pulmones, inflándolo como un globo que en lo adelante amenazará por reventar de un momento a otro, obstruccionando su respiración e iniciándose una desesperada lucha por expulsarlo, bajo la creciente sensación del ahogo y del molesto dolor en su pecho y espalda.

Doña Celia: "...A los cuatro años Ernesto ya no resistía el clima capitalino. Guevara Lynch se acostumbró a dormir sentado en la cabecera del primogénito, para que este, recostado sobre su pecho, soportara mejor el asma." [4]

1932. CÓRDOBA

Esa razón los lleva a trasladarse para la ciudad de Córdoba, donde les han indicado que el clima del lugar sería beneficioso al niño. Con la esperanza de que si permanecen en este pueblo por un tiempo el niño ha de curarse totalmente, deciden dejar el Sierras Hotel y alquilar una casa. Cuando creen que el mal ha desaparecido vuelven a Buenos Aires, pero nuevamente este aparece e incluso se agudiza. Regresan a Córdoba, residiendo en esta oportunidad en la localidad de Agüello, a unos ocho kilómetros al oeste de la urbe provincial. Pero las crisis se repiten y sucede entonces que un médico amigo de la familia, quien reside en Alta Gracia, les habla de su maravilloso clima para las dolencias pulmonares y respiratorias.

4 Periódico *Granma*, 16 de octubre de 1967, p. 8.

1933. ALTA GRACIA

A 39 kilómetros y al suroeste de la ciudad de Córdoba, Alta Gracia es una región típicamente serrana, que por sus paisajes y clima saludable se ha convertido en zona turística. La familia Guevara de la Serna, luego de atravesar la ciudad y dejar atrás los imponentes paredones del lago Tajamar, abandona las adoquinadas calles y por un terraplén se dirige hacia los cercanos cerros en busca del hotel La Gruta, donde se hospedará.

En pocos días Ernestito experimenta una gran mejoría, al extremo de que los padres nuevamente abrigan las esperanzas de que si permanecen algún tiempo en este sitio, el niño curará definitivamente. De ser así podrían volver a Buenos Aires. Allí viven medio año en dos habitaciones y los tres niños se divierten de lo lindo. Cada mañana la niñera los lleva a jugar a la orilla del arroyuelo. Frecuentemente Ernestito, Celita y Robertico, cubiertas sus cabecitas con sombreros, pasean encaramados en burritos o junto con la madre realizan grandes recorridos por los cerros, que resultaban muy saludables para Ernestito. Pero su cura total no se produce y tienen que alargar la estancia en Alta Gracia. Por consiguiente, en busca de amplitud y economía deciden abandonar el hotel.

Se mudan para una casa fuera de la ciudad, en una calle que viene a ser el límite del pueblo con la falda de las montañas de abundante vegetación. Pero si ciertamente el clima de las cercanías a las montañas hace que el pibe pase largo tiempo sin el más leve asomo de su enfermedad, esta no lo abandona, apareciendo de vez en vez, cuando menos la esperan.

Esto lleva a los padres al convencimiento de que la estancia en el lugar ha de ser larga, a pesar de haberse convertido en verdaderos "especialistas" del asma, contra el que constantemente experimentan con cuantas medicinas, remedios caseros, médicos y hasta curanderos les recomiendan. En esa fecha comienzan a admitir que su hijo crecerá con esa dolencia, pero luchan por evitar que la enfermedad lo inutilice y le origine un desenlace fatal, u otras secuelas.

En el caso de este y otros padecimientos crónicos, junto al mismo se va conformando un elemento que sin dudas tiende a resultar también dañino para el paciente. Los padres y familiares cercanos, sobre todo en los casos de familias de posiciones económicas holgadas —como es la de los Guevara de la Serna—, inconscientemente agregan a la dolencia una posición de lástima, colmar al paciente con todo tipo de regalos, que de por sí estimulan la malacrianza, adversa para la formación y desarrollo posterior de los niños enfermos, los que a medida que pasa el tiempo se van convirtiendo en personas neuróticas, llegando por lo general a ser irresistibles. Hacia Ernestito también se manifiesta ese sentimiento, pero afortunadamente él lo ha de rechazar, demostrando en cada momento que puede realizar todo lo que un niño sano realice y en ocasiones mucho más que cualquiera de ellos. Esto será a la larga un factor decisivo para la forja de su firme carácter y férrea voluntad.

"Mamá decía —nos contó su hermana Ana María— que los médicos consideraban que Ernestito moriría en uno de los ataques, por tal razón todos expresan un sentimiento de lástima y sobreprotección hacia él. Pero creyendo lo que dicen los médicos, que por otro lado indicaban que el niño no debía salir de la casa a nada, le suspenden el encierro y permiten que haga todo lo que quiera, con el fin de que disfrute los años que viviera. Se une a esto, que él quería demostrar que podía hacer todo o más que sus amigos."[5]

1934. FIN DE UNA ETAPA MUY DIFÍCIL

A pesar de estar en un clima favorable, en Alta Gracia vivirá Ernestito su etapa más difícil, desde los cuatro a los seis años, en la que sus crisis asmáticas han de ser más frecuentes y severas, pero no obstáculos para que siempre que le fuera posible poder disfrutar de la vida como cualquier niño, abrigado dentro de una

5 Entrevista del autor.

familia unida, amorosa y rica, por demás. A partir de este año los ataques serán menos frecuentes.

Ya es tiempo de asistir a la escuela, pero como la enfermedad no se lo permite, la propia madre le enseña las primeras letras a su hijo.

PASEOS, RECREACIÓN Y DEPORTES

Los paseos en la catramina son un verdadero delirio para los pibes. El viejo, pero vigoroso auto, que el padre ha adquirido y bautizado con dicho nombre, los lleva a todas partes, por muy lejos que fueran; siempre llegan, lentos, pero seguros. Ahora con más frecuencia los hermanos se bañan en los arroyos, montan bicicleta, caballos y burros. La alegría, por supuesto, se alteraba a veces con sus malos momentos, normales a esa edad.

1936. AMOR A LA FAUNA Y LA LECTURA

En la casa de los Guevara de la Serna había distintos tipos de animales. Además de la perra Negrina tienen canarios y en el amplio patio las dos burras para darle leche a Ana María; un caballo, una cabra, un carnero, un gallinero y una incubadora. Los fiñes y sus amigos, como es de suponer, disfrutan del pequeño zoológico. Por la noche los chicos se deleitan con las lecturas que realizan la madre o el padre. En su imaginación aparecen Los Mosqueteros, espada en mano venciendo a los malos, o Robinson Crusoe conquistando la linda isla. El amor a los libros surgirá desde muy temprano en Ernestito.

FÚTBOL

Por la holgada posición económica de la familia, el niño asmático ha contado con todo lo necesario para sus diversas recreaciones infantiles y prácticas deportivas, pero de todas ellas, comienza a inclinarse por el fútbol.

Don Ernesto: "Cada vez que se sentía mejor del asma buscaba la ocasión de practicar alguno de sus deportes favoritos y uno de ellos era el fútbol. Cuando niño en Alta Gracia armaban una cancha en cualquier potrero. Allí no había campos especiales para niños, pero a ellos poco les importaba cómo fuera. Con tal que tuviera un espacio llano sin malezas, allí estaba toda la chiquillería jugando al fútbol, y un par de sacos o chaquetas marcaban las porterías. En cuanto a la pelota, si no se encontraba quien tuviese una de cuero o de goma, la improvisaban con papeles de periódicos prensados y sujetos con cordeles o tiras de trapos.

"No importaba que el día fuera frío o caluroso, no importaba ni los vientos ni la lluvia, el fútbol hipnotizaba a mis hijos y a todos los chicos de Alta Gracia y, por qué no decirlo, a todos los chicos de la República Argentina." [6]

VACACIONES, NATACIÓN, CAMPISMO, CACERÍA, PESCA Y TIRO

Verano de 1936. En este año todos, incluyendo al perro, lo pasan en Mar del Plata, zona residencial al alcance de las familias adineradas. Allí están la espigada figura de doña Celia y la robusta de don Ernesto con los niños de la mano, todos en trajes de baño en la famosa playa. Desde la primera temporada, Ernestito la pasa muy bien y el asma brilla por su ausencia, lo que da a pensar a los padres la posibilidad de mudarse para dicha playa, pero no lo llegan a hacer, porque el asma reaparece.

No obstante, la mayor parte de las veces acuden a la estancia de la abuela paterna. Otro lugar de disfrute de las vacaciones y fines de semana es el Sierras Hotel, de mayor categoría que La Gruta y con más instalaciones deportivas y de recreación. El padre se ha hecho socio y todos, en especial los pequeños, disfrutan de dichas instalaciones, particularmente de la piscina. Independientemente de

6 Ernesto Guevara Lynch: *Mi hijo el Che*. Ed. cit. p. 241.

las vacaciones, Ernestito no pierde ocasión de realizar actividades al aire libre, pues aunque la razón principal de que viva cerca de las montañas es su enfermedad, cada día se siente más atraído por conocer el extenso terreno quebrado de la región.

Trepar y recorrer los montes pedregosos, las crestas secas y redondas —otrora boscosas— durante largas horas, disfrutar del sol y desde lo alto contemplar los valles de exuberante verdor, es algo que le apasiona. Un amigo de la infancia, Juan Míguez, recuerda que los fines de semana, con Ernesto, Roberto y demás amigos, remontan las montañas y se pasan todo el día jugando; para comer llevan mate, azúcar, chorizos, panes y otras chucherías. Si el objetivo es cazar, entonces caminan largas distancias a través de las sierras, parajes bien conocidos por ellos y así acortar camino y trasladarse a la zona de San Clemente, donde cazan perdices, o pescan. En otras ocasiones practican la puntería en el campo de tiro de Federal y entre los mejores tiradores figuran los hermanos Guevara.

1938. NATACIÓN, FÚTBOL, AJEDREZ, MOTOCICLISMO Y GOLF

El padre anotó que su hijo mayor "...tomaba lecciones de un gran nadador de aquella época, el campeón argentino de estilo mariposa, que se llamaba Carlos Espejo. A este le había caído en gracia el chico y le enseñaba gratis.

"Sin duda alguna, la natación le hacía mucho bien para su asma, siempre que lo hiciese moderadamente. Le daba mayor capacidad torácica, ensanchándole los pulmones; pero los médicos me habían recomendado que no le permitiera excederse porque ello significaría esforzar su corazón y es sabido que los asmáticos deben cuidar bien este órgano, porque el asma lo obliga a trabajar mucho.

"Cuando íbamos a la pileta, los ejercicios de natación de Ernesto y de todos mis hijos, que también nadaban bastante bien, eran normales: pequeñas carreras de crol o de pecho, zambullidas desde la orilla o desde los trampolines. La pileta estaba siempre llena de chicos y grandes, y, además de poder tomar el sol, la gente se divertía allí.

"Pero lo que yo ignoraba era que Ernesto, desde mucho tiempo atrás, venía entrenando más de dos horas diarias. Cuando iba a la pileta con ellos, no me retiraba hasta que el último hubiera salido del agua; siempre estaba cuidándolos, pero lo que no sabía era que a la tarde se escapaban y se iban a entrenar. Yo, muy ingenuo, creía que debía de estar presente en la pileta por si alguno corría peligro, sacarlo del agua. Lo cierto es que si esto hubiera ocurrido, lo probable es que ellos hubieran tenido que sacarme a mí.

"Estando una tarde en mi casa, alguien que llegaba del Sierras Hotel me comentó que Ernesto hacía más de una hora y media que estaba entrenándose en la pileta.

"—¿Cómo en la pileta? —dije—, si yo no le he dado permiso para ir allí.

"Y cuando pensé que ya llevaba más de una hora y media nadando, me alarmé. Su asma no le permitía hacer esas cosas.

"Fui inmediatamente al Sierras Hotel y pude ver cómo un montón de chiquilines que oficiaban de ayudantes del 'futuro campeón' —reloj en mano— controlaban los tiempos mientras discutían entre ellos si tardaría tanto o cuanto en hacer sus cien piletas.

"Cuando vi aquello y oí a los chicos, se me cayó la venda de los ojos y comprendí cuán ridículo es, a veces, el cuidado excesivo de los hijos. Estaba desorientado y opté por hacerme el tonto. Y mientras Ernesto, que me había visto, continuaba su *raid* sonriente, yo, haciéndome el desentendido, seguí el *raid* como si supiera que hacía mucho tiempo que mi hijo venía practicando estos entrenamientos.

"Todavía me parece verlo nadando en estilo mariposa, esforzándose por superarse, los mofletes hinchados, todo congestionado por el sol y entrando y saliendo del agua avanzando a saltos como una tonina."[7]

7 Ibídem, pp. 232 y 234.

"Nos criamos en el campo, en el aire libre. Ernesto era deportista a pesar del asma. Una vez el padre nos entrenó para una carrera de natación de cien metros pecho. Pero el viejo no quería que nadara más tiempo del que él señalaba. Sin embargo, él se escapaba de la casa y volvíamos a la piscina. El día de la competencia, en la mitad, a él le dio un ataque de asma y tuvo que pararse, pero luego siguió y terminó la carrera", nos dijo su amigo de la infancia Calica Ferrer.[8]

Rosendo Zacarías: "Íbamos al primer paredón, es un tipo de hoya de agua, y allá hacíamos mate cocido, y para el que se lanzara mejor al agua, había un premio, que era membrillo con queso, yo quería ganarme el premio que daba el señor Guevara, pero la mayor parte de las veces, ganaba Ernestito." [9]

Roberto Guevara: "Es verdad que Ernesto nadaba muy bien, tal como era destacado en el ajedrez; también desde pequeño jugó fútbol y golf, esos eran los deportes de la primera época. Ernesto tenía muchas dificultades con el asma para jugar fútbol; como no podía correr, casi siempre jugaba de arquero."

"En Alta Gracia jugábamos fútbol todas las tardes, y hasta entrada la noche no volvíamos a nuestra casa. Una vez se organizó un campeonato entre todos los chicos del barrio del Alto (donde vivíamos); Ernesto fue capitán del suyo y frente a los nombres elegidos como: Boca, El Rayo, y otros parecidos, él le puso Aquí te paramos el carro, y efectivamente eran los más aguerridos.

"La 'canchita' utilizada estaba frente al Hospital de Tuberculosos y casi siempre, en invierno, los enfermos venían a presenciar los partidos y se hacían amigos nuestros. Llegamos a conocer a uno que efectuó algunas demostraciones de pericia, que había jugado en la primera división de Rosario Central." [10]

También Juan Míguez lo evoca como un muchacho alegre, pero que no le gustaba perder en los juegos, en especial en el fútbol, y si

8 Entrevista del autor.

9 Adys Cupull y Froilán González: *Ernestito vivo y presente*. Editora Política, La Habana, 1989, p. 89.

10 De la entrevista de Iván López y el autor.

perdía lograba convencer a sus oponentes para jugar de nuevo hasta que su equipo ganara. En ocasiones, siendo más pequeño, solía disgustarse cuando no salía victorioso, al extremo de que sus rabietas le producían ataques de asma.

En todas partes los muchachos forman pandillas en sus respectivas barriadas, a veces para realizar juegos sanos, competencias deportivas, excursiones a las montañas, pero otras se enredan a golpes, palos y pedradas, por cualquier motivo. En Argentina les llaman "barras". Por lo general los jefes siempre son los más espabilados, emprendedores, sociales y sobre todo valientes; como Ernestito reúne esas cualidades, unidas a una cultura superior, se gana el cariño de sus compañeritos, quienes lo aceptan como el jefe de la "barra", al extremo de que si en algún momento él resultaba sorprendido por un fuerte ataque asmático que le imposibilitara caminar, ellos lo cargaban en hombros hasta la casa.

El chico asmático va demostrando a todos los que muestran algún sentimiento de lástima por él, que es un muchacho sin limitaciones físicas; por el contrario, en la mayoría de los casos se comporta diáfanamente superior a los demás.

EL GOLF

La razón de que los hermanos aprendieran a jugar golf desde muy pequeños, es porque su padre lo jugaba, por la cercanía del campo de golf a su residencia y, al establecer amistad con los *caddies,* estos les enseñan los secretos del juego. Por lo general, siempre que se efectúa un partido los hermanos y varios miembros de la "barra" son espectadores desde los matorrales circundantes al campo, y pelota que cae en estos los fiñes se apoderan de ella. Como son tantas, algunas las vuelven a vender a los mismos jugadores por debajo de su precio normal.

En varias oportunidades, para "ganarse unos mangos" Ernesto trabajó como *caddie*, recuerda su amigo Carlos Figueroa y Roberto agrega: "Es muy cierto que Ernesto era el que mejor jugaba el golf de todos nosotros. Lo que cuenta mi padre del problema con un *caddie* no fue así. No conozco el episodio que él relata. Se emparenta con las luchas deportivas nocturnas que hacíamos entre todos, en los *greens* del golf de Alta Gracia, estropeándolos, lo que motivó que nos corrieran, pero no los *caddies*, sino los guardianes."[11]

ADEMÁS DEL DEPORTE, AMANTE DE LA LECTURA

Pero Ernestito no solo dedica su tiempo libre a los juegos, los deportes, las excursiones a las montañas o a las peleas entre las "barras". La madre será también su preceptora en su camino por la literatura, que lo convertiría desde pequeño en un ávido lector. Ella, además de las primeras letras, le enseñará también el francés.

Como el asma continúa, los padres no dejan de probar con todo lo que les recomiendan. Un médico le indica dormir con una bolsa de arena sobre el pecho y estoicamente cumplirían con lo indicado noche a noche. En ocasiones, unido al ataque asmático, es víctima de una persistente tos convulsiva. Para aliviar el desagradable malestar debe aplicársele oxígeno, con lo cual regresa a la normalidad. Pero el pibe resiste hasta que le resulta imprescindible la droga para el asma, o el oxígeno para la tos, en espera de que los ataques pasen sin necesidad de medicamentos.

APRENDE A JUGAR AJEDREZ

Cuando el asma lo obliga a largas permanencias en la casa, sabe sacar provecho de ella y las emplea en leer. Es frecuente que en las noches se quede hasta altas horas enfrascado en un libro. Las aventuras clásicas son sus primeras lecturas: Julio Verne, Mark Twain, Salgari, Dumas, Stevenson, Jack London, *Las mil y una noches* (versión original, que no es la infantil), entre otros. A manera de episodios, los padres continúan narrándoles a los niños, en las

11 Ibídem.

comidas y tertulias nocturnas, la vida de los abuelos. También les narran acerca de la historia de su país y de la guerra del Chaco. Es en estos obligados encierros que el padre enseña al niño a jugar ajedrez, deporte que no dejará de practicar nunca más y que además estudiaría.

LA ESCUELA PRIMARIA

En el año 1938 su mal es menos crónico y la madre considera que puede asistir a la escuela; además, ha recibido una comunicación de la municipalidad de educación reclamándole que su hijo Ernesto ha pasado los siete años y no está matriculado en ningún centro escolar.

Según Elba Rossy, que fue su primera maestra y por la boleta que conserva, Ernestito comenzó a ir al colegio en el tercer grado. Lo recuerda como un chico travieso y líder de los demás, aunque no muy destacado en los estudios por las faltas que le provocaba su enfermedad.

1939. CARRERA EN BURRO. SU PRIMERA COMPETENCIA

Celia Guevara: "Un día organizamos una carrera de burros, pues a la escuela asistían muchos niños de las serranías que iban en esos animales... Ernestito era muy querido por sus amiguitos y compañeros y la mayoría quería que él fuera el ganador, pero el burro en que estaba montado, a la hora de salir para la competencia no quiso correr. Todos gritábamos para que corriera, pero el burro permanecía detenido; le pegamos con unos palos, lo halábamos, lo empujábamos, pero el animal estaba negado a correr y Ernestito perdió la carrera." [12]

12 Ernesto Guevara Lynch: *Mi hijo el Che*. Ed. cit., p. 142.

ADMIRADOR DE CAPABLANCA

Como fue expresado, desde muy pequeño Ernesto aprendió a jugar ajedrez. Es por eso que en 1939, cuando se celebró en Buenos Aires la Olimpiada de Ajedrez, adonde acude el cubano José Raúl Capablanca, Ernesto está al tanto de la misma. Doce años antes, en la misma capital bonaerense, de manera increíble Capablanca había perdido su reinado en esa disciplina. Sería esta la última competencia del gran trebejista, en la que impuso su calidad al superar en el primer tablero al campeón mundial en aquellos años, Alexander Alekhine, a Paul Keres y a otros destacados participantes, primera fuerza del mundo en ese deporte. El cubano ganó el premio al mejor jugador de la Olimpiada. Tres años más tarde Capablanca fallecería.

Según su propio testimonio posterior, fue por medio de esta visita del famoso ajedrecista cubano, que Ernesto Guevara recibiera la primera referencia del país caribeño. Por esa fecha, no obstante, las informaciones deportivas que más le interesaban eran las que los lunes traían los diarios sobre el fútbol, con sus fotos.

Don Ernesto: "Estando en el Sierras Hotel de Alta Gracia, cuando mis hijos Roberto y Ernesto eran aún niños (ocho y once años), un íntimo amigo mío, notando su presencia en una reunión, les preguntó a modo de broma: ¿A que no sabéis los nombres de los jugadores del Boca? (Junior, club de primera división). Cuál no sería la sorpresa de mi amigo cuando los dos al unísono le fueron dando a toda velocidad los nombres de los once jugadores (...) pero lo que no sabían los que escuchaban es que además podían dar de memoria los nombres de los jugadores del River Plate, del Racing, de Tigre y de la mayoría de los cuadros de primera división. Y es que realmente el fútbol los apasionaba." [13]

Según Roberto, su hermano era hincha del Rosario Central (equipo de Rosario, ciudad donde había nacido).

13 Ibídem, p. 242.

VACACIONES CAMPESTRES. HIPISMO

Las vacaciones en el campo se alternan, unas veces las pasan en Villa Sarmiento, estancia propiedad de la madre y la mayoría de las veces, en la de la abuela, en Santa Ana de Ireneo. Ya más grandecito se le ve vestido a lo gaucho, con bombachos, botas altas de cuero, sombrero y pañuelo al cuello, aprendiendo a ensillar el caballo, presenciando cómo se voltean los terneros, cómo se castran, descuernan y hierran, cómo se enlazan los potros. Le llama mucho la atención la "doma" de las bestias. Siempre que le es posible cabalga las extensas pampas.

CAMPEÓN DE PING PONG

Rodolfo Ruarte: "Cuando vino la familia Guevara por primera vez a Alta Gracia conocí a Ernestito. Tenía una gran voluntad, yo era campeón de pimpón [sic.] en el Sierras Hotel de Alta Gracia, no había nadie que me ganara. Ernestito era el segundo, pero no me podía llegar a ganar. En todos los campeonatos yo era siempre el primero y él segundo.

"Entonces en su casa se hizo hacer una mesa de pimpón [sic.] y durante dos meses desapareció del ambiente.

"Un día apareció, y públicamente me desafió por el campeonato anual de pimpón [sic.], y lo ganó. Así eran la constancia y la fuerza de voluntad de él." [14]

UN CLAVADISTA OSADO

Desde lo alto de la Sierra Madre se deslizan por sinuosos y pedregosos cauces las frías aguas de los numerosos manantiales

14 Adys Cupull y Froilán González: Ed. cit., p.83.

convertidos en pequeños ríos, uno de los cuales, al final de la ladera cae al vacío en una bella cascada, llamada Tres Paredones.

La última de las caídas de agua ha creado una laguna, que llaman poza u hoya, situada al oeste del pueblo. A ella concurren los vecinos de Alta Gracia en los días veraniegos, siendo la familia Guevara de la Serna una de las más asiduas. Pero para los chicos, además de la frescura del agua y la belleza del paisaje, está el atractivo del salto de la piedra. Entre los pedruscos que bordean la cascada hay uno de cinco metros de altura, utilizado como trampolín por los más osados. El salto resulta peligroso por la estrechez de la hoya donde debe caer el bañista, pues de no lograrlo, lo más seguro es que se desnucaría.

Ernesto gusta de este salto. Une sus pies, eleva los brazos, permanece inmóvil, contrae los músculos, espera unos segundos y salta al vacío. Muchos de los presentes, personas mayores, jóvenes y chicos, se tapan los ojos, los demás observan con gran tensión. Segundos después, cuando el chico asoma la cabeza entre las inquietas aguas, retumban los aplausos y las exclamaciones de triunfo.

Alguien pregunta a sus padres por qué le permiten a su hijo esa locura. El padre sonriente le responde:

—¿Usted cree que no hemos tratado de persuadirlo...? Pero cuando nos enteramos ya había realizado no sé cuántos saltos, pues vio que otros lo hacían y él dijo que también podía hacerlo. ¡Ay, amiga... Ernestito es mucho Ernestito!

Con similar expresión y gestos afirmativos, Celia apoya lo que dice su esposo. Quizá vengan a su memoria las demostraciones que muchas veces ella misma hizo, lanzándose a un mar embravecido o en las turbulentas aguas del Paraná, donde estuvo a punto de perder la vida. No le caben dudas de que la osadía de su hijo le vino de ella, y en el fondo se siente orgullosa de que sea así.

II. 1942. CÓRDOBA, MAYOR ACTIVIDAD DEPORTIVA

Terminada la primaria del primogénito, en septiembre de 1941, don Ernesto viaja con su hijo mayor a Córdoba. Ambos penetran en el viejo caserón del Colegio Nacional "Deán Funes" y Liceo de Señoritas. El jovencito cuenta 13 años, cumplirá los 14 en junio próximo y el curso comienza en marzo; tiene dos años de atraso debido al asma cuando inicia los estudios de bachillerato en 1942.

Durante el primer año viajará todos los días los 36 kilómetros que lo separan de su escuela, en ómnibus, por un camino de hermosos paisajes. En ocasiones, las menos, se traslada en tren. Pasado el mediodía, el menudo Ernestito con sus libros y libretas en las manos, pelado casi al rape y con flequillos sobre la frente, uniformado con camisa gris y pantalón corto de igual color, penetra en la filial del "Deán Funes" y Liceo de Señoritas. Ocupa uno de los pupitres traseros. En lo alto, un retrato del prócer argentino José de San Martín, con augusta mirada, abundante pelo, largas patillas y cuello alto, bordado en oro su uniforme de general, parece velar la educación de la nueva generación.

NACE EL PELAO

Desde el principio llama la atención por sus conocimientos, lo temerario y agresivo que es en los deportes que no deja de practicar, como en la preparación física, a pesar de tener un certificado médico que lo eximía de ellos. Por su rasurada cabeza, todos lo llaman el

Pelao, sin que para él sea una burla. Por el momento, sin embargo, no tendrá tiempo para compartir más ampliamente con sus compañeros y amigos, pues no vivirá en la ciudad en el primer año.

LOS BOLOS Y EL FÚBTOL

Es en esta ciudad donde aprenderá una nueva disciplina deportiva, los bolos. Asistía a la bolera cuando le era posible para competir con los demás condiscípulos, entre los que se encontraba Tomás Granado, un muchacho delgado, alto, de expresión seria, con quien establecerá una gran amistad. Ambos son amantes de los deportes y los perros, y precisamente por una conversación sobre estos animales es que surgen sus relaciones.

"La manera de estudiar en el colegio era por grupos y, en ocasiones, los profesores hacían las preguntas al colectivo; así, cuando era escogido un alumno del grupo, los demás miembros eran llamados a que se sentaran delante. El Pelao y yo éramos del mismo grupo,"[15] nos dijo Tomás. Una vez jugando al fútbol sufre un fuerte ataque de asma, y Tomás, con Rigatusso y Afelbaun, lo llevan a tomar el ómnibus apoyado en sus hombros. Ellos desconocían que padecía de asma.

La educación física y las prácticas de los deportes la realizan en el estadio provincial, situado en el parque Sarmiento. El fútbol y el baloncesto son los más populares. Como juega bien el primero, Tomás lo invita a formar parte del equipo de la Escuela Normal de Maestros, en un partido no oficial, donde participan sus hermanos Gregorio, *Greco* y Alberto, *Albert* o *Mial.*

15 Entrevista del autor.

1943. LA FAMILIA GUEVARA DE LA SERNA SE MUDA PARA CÓRDOBA

La mudada se produce debido a que la jovencita Celia debe comenzar también su bachillerato e ingresar en el Liceo de Señoritas del "Deán Funes", por lo que los padres deciden retornar a Córdoba. Corre el primer trimestre de 1943 cuando se instalan en Chile 288, una confortable vivienda de dos plantas, colindante al gran parque Sarmiento, poblado de frondosos árboles, sede del Jardín Zoológico y de varios clubes deportivos. Todo esto mitiga un poco el cambio de clima campestre que durante diez años la familia disfrutó en Alta Gracia, donde a Ernestito le había sido más llevadera su dolencia.

Gregorio Granado: "Fue una mañana de un domingo de abril de 1943, en la antigua cancha de Audax Córdoba, en el barrio San Vicente, antes del partido que se celebraría entre nuestro equipo del tercer año de la Escuela Normal Mixta, 'Alejandro Carbó', contra el del barrio de unos amigos.

"Cuando no eran encuentros oficiales reforzábamos con amigos que eran buenos jugadores, entre los que se encontraban mis hermanos y Ernesto; en esta oportunidad él jugó lateral izquierdo y Maso (Tomás) de lateral derecho, Mial no estaba presente. Ganamos 4 a 0. A estos equipos les llaman los Semilleros, de donde se nutren equipos profesionales. El fútbol lo practicó mucho y era un buen defensor, con mucha velocidad y garra; quizás en ese tiempo le faltaba algo de técnica ofensiva en 'gambeta' o sortear adversarios, pero lo subsanaba con velocidad, decisión y coraje. Ernesto dominaba varias posiciones en el fútbol, desde arquero a lateral, más como jugador defensivo que como ofensivo, y era muy bueno en el juego de alto y para cabecear.

"En Córdoba se practicaba un juego que se llama 'las cabecitas', con su portería, y se juega con la cabeza y las manos y él era imbatible, pero algunas veces le pude ganar. Se juega también por pareja. Luego se destacó como un gran jugador de *rugby*. También le gustaba mucho la natación. Y como a los dos nos gustaba el ajedrez, comenzamos a jugarlo."[16]

Es innegable que el aumento de las prácticas deportivas y la mayor seriedad con que las realizó el joven Ernesto en Córdoba se deben en gran medida a la influencia que sobre este ejerció su amistad con los hermanos Granado Jiménez.

Alberto Granado: "En Argentina el fútbol es como el béisbol en Cuba y cuando se quiere jugar y no están todos los jugadores completos se puede hacer, o sea, lo mismo se puede competir once contra once, que es lo que debe tener cada equipo, que cinco contra cinco, o los que hubiesen en ese momento. En el tiempo que nosotros jugábamos, la formación era de tipo inglés, que consistía en un portero, dos zagueros, tres medios y cinco delanteros. De esas posiciones Ernesto jugaba en dos: una, que la jugaba bien, era de portero; y otra era en la línea media, o sea, los tres medios.

"La táctica de aquel tiempo era mucho, la de hombre contra hombre en determinada circunstancia. Cuando queríamos neutralizar un jugador contrario, casi siempre lo poníamos a él como marcador, por su tenacidad, que además unido al ruido que ocasionaba por su asma, terminaba por sacar de quicio al contrario. Pero realmente donde él se lucía era en la portería, porque era arrojado; se salía con mucha facilidad.

"Cuando lo conocimos, él formaba parte de un equipo colegial de Alta Gracia que representaba a los ferrocarriles, al que también pertenecíamos nosotros, y jugábamos contra el que representaba a los ómnibus. Ernesto a veces jugó en el otro, pero lo hizo más en el del tren, que era como lo llamábamos, por estar con nosotros. El equipo se llamaba Escolares de Alta Gracia.

"Su amigo Calica Ferrer jugaba en el de los ómnibus. Pero los dos equipos eran de Alta Gracia, de muchachos entre los 14 y 15 años. El único viejo era yo, que tenía 21. Yo iba muy poco. Después en Córdoba nosotros teníamos un equipo que se llamaba Elevación, donde Ernesto jugó varias veces. El nombre estaba dado con la idea

16 Ibídem.

de que fuera un grupo que no solamente practicara fútbol, sino que hiciera otras actividades culturales como teatro, recitales, pero eso no cuajó."[17]

NATACIÓN

"Cuando los Guevara se mudan para Córdoba en el año 1943, es cuando tengo la oportunidad de verlos nadando, que lo hacían desde chiquitos en Alta Gracia, pero yo no los conocía. De ellos, la hermana Ana María era impresionante de ver cómo se tiraba del trampolín más alto de la piscina del provincial, que se pagaba 20 ó 40 centavos la entrada. Allí vi a Ernesto nadar en piscinas, luego también nadamos en los ríos. En eso de saltar de los trampolines el Pelao era temerario, igual que la hermana.

"Con relación a lo anterior hay una anécdota, de cuando visitó Córdoba un circo japonés, que tenía un número donde hacían un salto de cinco o seis metros para caer en una tina con muy poca agua. Él nos contó los saltos que hacía en Los Paredones. Entonces Ernesto cada vez que iba al circo, se situaba lo más cerca de los clavadistas para observar cómo ponían los brazos, las piernas y la manera de tirarse para caer sin golpearse la cabeza. A partir de esos días él perfeccionó cómo hacer los saltos y se tiraba desde los sauces más altos, y a lugares poco profundos y de corto espacio, como era en los canales, cerca de la calera por la Colonia Caroya, lo que hacía que quien lo viera, se preocupara y pasara buen susto hasta que no salía a la superficie sin ningún rasguño.

"Evidentemente era un buen clavadista y también nadaba mejor que nosotros y los demás integrantes de nuestro grupo. Tenía un estilo muy depurado, pues lo había aprendido desde muy pequeño en piscina con instructores. Sobre todo en el de Mariposa."[18]

17 Ibídem.
18 Ibídem.

TENIS DE CAMPO

A pesar de que los negocios no marchan bien, los Guevara de la Serna pueden mantener su modo de vida de clase media alta. De inmediato la familia se asocia al club Córdoba Lawn Tennis, al que asisten sus hijos a disfrutar de la piscina y diversos deportes, entre ellos el tenis. "...Tanto Ernesto como Roberto —escribió el padre— llegaron a ser buenos jugadores de tenis. El encargado de mantener en condiciones las canchas tenía una hija un poco mayor que Ernesto. Ella se pasaba el día practicando su deporte favorito, y como se había hecho muy amiga de mis hijos solía jugar con ellos. Esta niña pronto llegó a ser campeona femenina de la provincia de Córdoba y participó después en campeonatos nacionales e internacionales. Tanto Ernesto como Roberto aprendieron de ella el modo de jugar y ambos llegaron a ser buenos jugadores." [19]

Aunque no es buen bailador, no deja de ir a las fiestas, tal como hizo en Alta Gracia. También en unión de su hermano y amigos realiza improvisados partidos de fútbol en la "canchita de la leona", en un ángulo del parque Sarmiento. En otras ocasiones forma parte del equipo Bouwer de fútbol, luciendo la camiseta a rayas azul celeste y blanca, del equipo de la Escuela Normal.

En mayo de 1943 viene al mundo Juan Martín, el último crío del matrimonio. El 14 de junio del mismo año, al cumplir 15 años, sus padres y hermanos dejan de llamarlo Ernestito y comienzan a decirle Ernesto.

MOTOCICLISMO

Don Ernesto: "Compré una motocicleta de poca cilindrada para mis hijos Ernesto y Roberto. Tenía un solo cilindro y era bastante vieja. La llevé a mi casa y les expliqué cómo se hacía para manejarla.

19 Ernesto Guevara Lynch: *Mi hijo el Che*. Ed. cit., pp. 216-217.

"Ellos sabían que cuando yo tenía diecisiete años me lo pasaba haciendo toda clase de piruetas en moto y que además tenía la pretensión de ser un corredor. Para mí era el deporte ideal y, junto con algunos amigos, rato libre que teníamos lo dedicábamos a las excursiones en moto.

"Cuando terminé mi explicación teórica, quise enseñar prácticamente lo que había dicho. Subí en la motocicleta, hice arrancar el motor y muy airoso salí acelerándolo. Pero no me fijé en un colchón de arena que había en el camino, donde la rueda delantera se trabó y la moto se volvió hacia delante. Yo salí por el aire, dando mi cabeza contra el suelo.

"Mi porrazo les sirvió de experiencia y al poco tiempo los chicos manejaban el artefacto a la perfección y con él adquirieron el dominio de la máquina y del camino.

"A Ernesto aquella pequeña motocicleta le dio oportunidad de conocer nuevos parajes..." [20]

AJEDREZ. SE INICIA EN EL RUGBY. *NACE FÚSER*

Al final de una tarde, luego de terminar el último turno de clase, Ernesto y Tomás se trasladaron a la casa de este último. Allí, además de los padres, se encontraban sus dos hermanos: Alberto, el mayor y Gregorio, el segundo. Los tres gustan de los deportes y la naturaleza, en especial el fútbol, el *rugby* y el campismo. Además, son aficionados al ajedrez, gustos semejantes a los del Pelao.

No es la primera visita de Ernesto y luego de los saludos, Gregorio le dice sonriente: ¿Vos venís a desquitarte las partidas que te gané en el ajedrez?

—Sí, pero primero quiero pedirle a Alberto que me enseñe a jugar el *rugby*.

20 **Ibídem, p. 205.**

Aunque los hermanos practican el ajedrez, es Gregorio el mejor y como el nuevo amigo no lo hace mal, es con él con quien más compite. Desde su arribo a la capital provincial el joven Ernesto participa en los torneos de dicho juego, sobre el cual Gregorio nos dice: "Ernesto tenía más conocimientos teóricos que yo. Sin embargo, hacíamos partidos bastante buenos, con muchas tablas. Él jugaba muy bien con los caballos y yo por mi parte lo hacía bastante bien con los alfiles. Yo tenía a mi favor el que Ernesto a veces estaba apurado por irse para la casa, a cumplir alguna tarea. Los dos éramos 'competitivos', con deseos de competir y ganar, de los que no se dan por vencidos en las circunstancias más adversas y difíciles.

"Muchas veces jugábamos en el salón de la Confitería, propiedad de nuestra abuelita Cecilia, en Roma 525. Yo tenía un tablero de cartón con piezas de madera, que lo poníamos sobre una mesita. También competíamos contra otros amigos y siempre ganábamos. Nunca se jugó por interés. Ernesto les ganó a muchos jugadores calificados y también supe, aunque a mí no me consta, que hizo tablas con el Gran Maestro Miguel Najdorf." [21]

Al escuchar lo que dice el jovencito, Alberto lo mira de arriba a abajo y con una mueca, le responde: Vamos, pibesito, dejate de pavadas, que con ese tamañito y flaquencia no podés jugar un deporte tan fuerte...

—Te equivocás, Mial —interviene Tomás—; en el Liceo no hay otro que juegue el fútbol con más arrojo que el Pelao... Yo te pido que le hagas la prueba y ya verás.

La madre se opone a la petición, no así el padre y Greco, entonces Alberto acepta. Se dirigen al patio cementado, toman dos sillas y colocan un palo de escoba entre ambas.

—Mirá, si tú eres capaz de saltar sobre el palo y caer de hombros, quizás puedas jugar *rugby*... Atendé, yo lo voy a hacer, pon atención

21 Entrevista del autor.

—Alberto se sitúa a varios metros, comienza a correr, salta y hace una perfecta caída sobre el piso—. Sin levantarse, mira al jovencito y expresa: Bueno, mirá si vos podés. Te advierto que te darás un buen golpe. Hace silencio y dice para sí: Espero que este boludo se arrepienta antes de partirse un hueso.

Sin embargo, ni corto ni perezoso el pibesito sale corriendo y salta, los ojos de todos se mantienen hasta el final de su parábola, el huesudo cuerpo se arquea del costado derecho y hace contacto con el duro piso, da media vuelta y con la misma rapidez se incorpora. Con ironía mira a Alberto quien, asombrado, ve al examinado regresar al mismo punto y repetir exitosamente varios saltos.

Nos contó Alberto que esa prueba las hacían debido a que el *rugby* estaba de moda en Córdoba, y muchos querían aprenderlo solo por eso, pero cuando recibían dos o tres golpes duros se arrepentían. "Por tal razón decidimos hacer un examen de ingreso a los aspirantes, como le hicimos a Ernesto. El que pasara la prueba no iba a tener miedo a los golpes." En lo adelante él jugará más *rugby* que fútbol, por lo cual le sustituyen el apodo. Sobre esto dijo Alberto: "El mote de Pelao se lo cambiamos por el de Fúser, porque todos le llamaban el Furibundo Guevara Serna por su tenacidad y falta de temor al jugar *rugby*, o sea, se conformó con las primeras sílabas de furibundo y de Serna."

EL RUGBY

Yo considero —nos dijo Alberto—, que el *rugby* fue realmente el deporte más importante que nosotros practicamos y que debido a que era un equipo de mayor organización, influyó mucho en nuestra amistad, más que los otros deportes, pues le dedicamos más tiempo que a los demás, y esto hizo que permaneciéramos más tiempo juntos, lo que trajo como resultado conocernos mejor y que nos diéramos cuenta de las cosas que nos unían. Nos agarró más profundamente, se nos metió muy adentro.

Además de lo que nos relatara Alberto sobre cómo se juega el *rugby*, nos valemos del *Compendio deportivo*, que nos facilitó el compañero José Francisco Reinoso para obtener otros datos. Básicamente, este deporte consiste en tratar de colocar el balón dentro de la zona de meta contraria o pasarla por encima del travesaño de los postes mediante una patada. La pelota es de forma ovalada, inflada y con cubierta de cuero, de unos 28 centímetros de largo y un peso de alrededor de 400 gramos.

El *rugby* inglés está constituido por 15 jugadores en los amateur. El norteamericano lo hace con 11, pero eso es una mezcla rara de lucha libre, boxeo y otras cosas. La posición de los jugadores es: 8 delanteros, 2 mediocampistas, 4 tres cuarto y 1 defensa. En la versión profesional del juego se eliminan dos delanteros, jugando con 13 atletas.

En Argentina —nos dijo Alberto— los encuentros oficiales deben tener no menos de 11 jugadores, y si el contrario tiene los 15, se queda con ellos. También pueden ser con 7 contra 7 y a estos partidos los llaman *seven.* La competencia dura 80 minutos, dividido en dos tiempos de 40 con un descanso de 5 minutos entre ellos. El terreno es rectangular, de 100 metros de largo por 70 de ancho. Se limita por las líneas laterales o de toque y por las líneas de metas, detrás de las cuales existe una prolongación del campo de unos 12 a 22 metros de largo, conocida por zona de meta o de *goal.*

La zona de meta está limitada en sus extremos exteriores por las líneas de balón muerto. En el centro del terreno se encuentra la línea de medio campo y a cada lado de ella, a 10 metros de separación, están las llamadas líneas de los 10 metros. Existen además las líneas de los 22 metros, marcadas a esta distancia de las líneas de los 5 metros, paralelas a las laterales y a 5 metros de las mismas.

Las porterías son dos postes verticales de más de 5 metros de alto, entre las cuales se encuentra un larguero de 5.75, colocado a 3 metros del suelo. Esta conformación la asemeja a una gigante letra H, por lo que los jugadores suelen llamarla así. Cada portería está situada sobre la correspondiente línea de meta y en su centro. El juego no es detenido por lluvia o nevadas. Por ser un deporte de continuidad, no se permiten sustituciones. La pelota puede llevarse en las manos o patearse. Los pases se hacen en todas direcciones menos hacia delante. Los campeonatos en Argentina se celebran de abril o mayo hasta julio o agosto.

Alberto Granado: "Desde el primer momento Ernesto se mostró con una capacidad tremenda, más de lo que parecía, pues era pequeño y flaco, luego fue creciendo, tanto en lo físico como en lo psíquico. Tenía un *tackle* nervioso, yo le puse nervioso, porque él no tenía tanta fuerza como la que trasmitía. En los entrenamientos empezaron a llamarle Fúser, porque él agarraba la pelota, corría para que lo tacklearan y luego se la daba a otro para tacklear él. Entonces la gente gritaba: ¡cuidado, que ahí va el furibundo Serna! Es así como surge el apodo.

"El *tackle* clásico es un golpe del hombro sobre la cadera. Ernesto tenía un *tackle*, que era golpear al contrario con su hombro. Había que volar en el aire. Era temible con su *tackle*. Nosotros practicábamos varias jugadas que eran diferentes a las clásicas, pues éramos un poco antilibritos. A veces cuando yo decía Fúser, es porque yo iba a hacer una jugada fuera de la esperada, en la cual la pelota iba a ir a él.

"Yo jugaba desde mucho antes de conocerlo, era el líder de la segunda división del Club Estudiantes, fundado en Córdoba; tenía los colores azul y negro en la camiseta en forma de cuadro. Al principio Ernesto jugaba como suplente, porque tenía menos de los dieciséis años requeridos para jugar *rugby* en la primera y segunda división; es necesario tener esa edad como mínimo, aunque no existe la máxima, a los jugadores mayores los determina su físico. En la tercera, cuarta y quinta, participaban los menores. Lo mismo le pasaba a su hermano Roberto, que luego fue un brillante jugador de *rugby*. Este deporte no era muy popular, porque es un deporte donde se pone la rudeza sin mala intención, cualquier gesto mal intencionado es severamente castigado por los reglamentos para evitar que degenere, tal como pasó con el *rugby* norteamericano.

"Ernesto era un tipo muy consecuente con el juego que tenía que realizar. También a veces cometía el error de no querer soltar la pelota cuando era tackleado. Lo que tiene que hacer todo jugador en situación semejante. Entonces había que gritarle: ¡Suelta la pelota, coño!, y él se daba cuenta y la tiraba hacia atrás, que es lo que se hace en esos casos. Algunas veces por razones del asma había que ponerlo de tercera línea, que es el tipo que empuja con el pecho o con los hombros a los otros.

"Siguiendo el tema del *rugby*, quiero decir que Ernesto siempre se distinguió por una gran valentía, sobre todo en el *tackle*. Él no usaba un *tackle* clásico, que es un golpe con el hombro sobre el cuerpo del contrario, agarrándolo con los brazos y tumbándolo al suelo. Su *tackle* no era muy clásico, como ya dijimos. El suyo era caer con su hombro sobre el hombro del jugador. Tenía que volar para lograrlo, era temible con ese *tackle*. Muchas veces en los entrenamientos la gente se negaba a entrenar con él si tackleaba de esa manera, pues lo dejaba adolorido.

"En Córdoba estaban los equipos Córdoba Rugby Club, el Estudiantes, donde jugábamos nosotros, mis hermanos y Ernesto; este conjunto lo conformaban gente de pocos recursos económicos; cada jugador tenía que comprarse los uniformes y reunir dinero para adquirir las pelotas y demás cosas necesarias, también hacíamos rifas para recaudar fondos. Ese equipo se mantenía del entusiasmo de unos pocos, entre ellos algunos antiguos jugadores. Además, existían los equipos del Country Club, el Tala Rugby Club, nombre de un árbol de madera muy dura, el Atlético Córdoba y el Club Universitario, que era el más popular por estar integrado por estudiantes. Nosotros solo jugábamos en el Estudiantes, en la primera y segunda división, no profesional. Y una vez ganamos el campeonato en la segunda. Quiero decir que aunque el *rugby* nos atraía mucho, no dejamos el fútbol, no solo porque nos seguía gustando, sino porque no era fácil en aquel tiempo encontrar mucha gente que le gustara el *rugby*."[22]

22 Ibídem.

Don Ernesto: "A Ernesto le encantaba jugar al *rugby*. Cuando vivíamos en la calle Chile, de la ciudad de Córdoba, comenzaron a jugar él, su amigo Granado y su hermano Roberto, en un club local llamado Estudiantes, que no tenía más que una cancha precaria.

"Recuerdo que en la calle Chile corrían en el patio embaldosado y allí practicaban los *tackles,* seguidos de tremendos porrazos.

"Según sus amigos Alberto Granado y Roberto Schaejer, Ernesto tenía grandes condiciones como jugador de *rugby*. Se decía que su *tackle* era demoledor." [23]

CICLISMO

"Otro de los deportes que practicamos fue el ciclismo —nos narró Alberto—, él tenía una bicicleta y yo otra. Lo hicimos no como paseo, ni competición, sino como deporte. Nosotros fuimos una vez hasta Oliva, me acuerdo que quedaba a unos noventa y cinco kilómetros de Córdoba. Si salíamos de campismo, Tomás iba en el ómnibus con todo lo que comeríamos, que era lo pesado, y se bajaba en los lugares cercanos adonde nos quedaríamos hasta el regreso. Otras veces me tocaba a mí, a Greco, o a Ernesto. A pesar de las largas distancias, él siempre demostraba una gran resistencia. En todos los deportes que practicó era lo mismo. Eso también fue uno de sus éxitos, para ser de los mejores." [24]

FÚTBOL. 1945 Y 1946

Según Alberto, la prensa de esta ciudad informaba los detalles de los campeonatos de *rugby*. Sigamos con su narración:

"Aunque jugábamos el *rugby*, a pesar de que teníamos algunas dificultades no dejamos el fútbol o balompié. Cuando ellos pasaron a los últimos años del bachillerato, me refiero a Ernesto y Tomás, y

23 Ernesto Guevara Lynch: *Mi hijo el Che*. Ed. cit., pp. 242–243.

24 Entrevista del autor.

dado que el equipo de Alta Gracia ya no existía, él empezó a jugar con nosotros en Bower, un pueblecito situado entre Córdoba y Alta Gracia. Allí teníamos una cancha, un equipo. Entonces siempre que podíamos ellos jugaban juntos. Para esa fecha yo estaba trabajando en el leprosorio de San Francisco de Chañar y podía jugar cuando iba de visita a mi casa. En este equipo fue donde Ernesto más se lució, tanto de portero como de medio, en el juego de hombre a hombre. Greco, Tomás y yo jugábamos más sueltos, por cuestión de táctica."[25]

NO SE PREOCUPEN, QUE TAN PRONTO ME REPONGA SALGO A JUGAR

En el soleado y fresco mediodía cordobés, frente al Rosedal del parque Sarmiento, Ernesto y Alberto esperan impacientes la llegada de Tomás y Gregorio, que deben viajar desde el poblado de Bower sobre la moto, para participar en un partido de *rugby*. La impaciencia porque ambos aparecieran era mayor en el Petiso, pues ellos traerán su almuerzo. Sentados, este comenta lo aburrida que le resultó la fiesta bailable a la que asistió la noche antes, lo que hizo que se marchara temprano. Pero que a la vez se alegró, ya que no hubiese estado en condiciones para el juego.

Instantes después se escucha el inconfundible escape de una moto, que no puede ser otra que La Poderosa II. Efectivamente, al mirar hacia donde proviene el ronco ruido, distinguen a los dos Granado, que sonrientes se acercan sobre la máquina. Al poco rato Alberto disfruta del exquisito pollo al horno que les envió la madre, acompañado de un rico vino tinto, que hubo de compartir con los demás. Ernesto, que ya había almorzado, no pudo resistir la tentación y se hizo de una posta de ave condimentada con especies que le provocaban la aparición del asma.

25 Ibídem.

Por tal razón cuando los hermanos le ven comer gustosamente la carne, exclaman preocupados: ¡Ten cuidado, Fúser, con los aliños...! Pero él responde sonriente: ¡No me cuiden tanto...!, y déjenme comer otro poco. Por supuesto, la madre de los Granado desconocía que Ernesto comería del almuerzo, pues de saberlo no hubiese sazonado el morfi de esa manera. Terminado el banquete, Alberto y Gregorio se encaminan a tomar el tranvía para trasladarse a la cancha del Club Junior, en General Paz, donde celebrarán el *match*, mientras Ernesto y Tomás lo hacen en la moto. De esta manera se alternan el manejo, que tanto les gusta a los dos.

Saludos y abrazos con el resto de su equipo, el Estudiantes Rugby Club y de los contrincantes, el Tala Rugby Club, y ya con el uniforme realizan el requerido calentamiento, durante el cual los hermanos se percatan de que Fúser presenta síntomas de que su sistema respiratorio no está en muy buenas condiciones.

El silbato indica que el juego debe comenzar. A las órdenes del *referee* se alinean los equipos y luego de los trámites requeridos y sortear la salida, cada atleta ocupa su puesto: Ernesto en la línea de tres cuarto, Alberto de medio *scrum*, Tomás y Gregorio como *fowler* o delanteros. Antes de ocupar su puesto, Ernesto corre hacia donde se encuentra su ropa, saca del bolsillo el inhalador, con el que se insufla el medicamento antiasmático, se da dos o tres bombazos, coloca el aparatico en el mismo lugar y vuelve a la cancha. Cuando los dos equipos han cubierto sus posiciones, el juez da inicio al duelo correspondiente a la segunda división.

Ambos equipos muestran gran entusiasmo y por su juego abierto se espera un *match* técnicamente bueno. Luego de la apertura del *score* y transcurridos varios minutos, el juego se desarrolla bien. Todos están metidos con alma y vida en el partido y se han olvidado del asma de Fúser. De momento, a la salida de un *scrum*, a unos cuarenta metros de la línea de ingol contraria, la pelota llegó a manos de Ernesto, quien encontrando expedita la vía en dirección a la línea de *try* abandonada, se lanza a toda carrera hacia la misma, perseguido por tres *fowlers* contrarios. Uno de ellos se le acerca e intenta frenarlo con un *tackle* alto, pero con gran agilidad le aplica un fuerte *hand-off* y se libra de él; no obstante, no puede advertir el cuerpo del *full-back* enemigo que vuela en el aire, aplicándole un certero y rudo *tackle* a la altura de la cadera y ambos caen al suelo e inmediatamente el contrario se levantó, no así Fúser, que permanece boca abajo con el cuerpo sobre el balón.

Al ver que no suelta la ovalada, los jugadores comienzan a gritarle: ¡Suelta la pelota!, suelta la pelota! y a la vez se le acercan con malas intenciones, pero al ver que este no da señales de vida, dejan de gritarle y acuden apresurados a ver qué le ha pasado; sin embargo, Tomás corre a la inversa de ellos y Alberto al verlo le grita: ¿Adónde vas...?, pero su hermano no responde y continúa su carrera hasta donde está la ropa. Apresuradamente busca el insuflador y cuando lo encuentra regresa a donde Ernesto permanece desfallecido rodeado de sus compañeros y adversarios: ¡Apártense, déjenme a mí...! —dice Tomás, quien voltea el cuerpo de su amigo y trata de abrirle la boca; cuando lo logra, le coloca con dificultad entre los dientes el tubito de cristal, proporcionándole varios bombazos y el medicamento penetra por sus vías respiratorias. Un fuerte estertor, que denota que los pulmones comienzan a trabajar, da el alivio necesario a los presentes, y casi a rastras lo sacan de la cancha, con el fin de trasladarlo a un centro médico para su total recuperación.

Un poco recuperado y al darse cuenta de que Alberto y Tomás quieren llevarlo al hospital, Ernesto se opone: ¡Están locos, si ustedes me llevan a mí,el equipo perderá dos hombres más...! No se ocupen, que tan pronto me reponga salgo a jugar. Ante tal situación el juez llama a Tomás, que es el capitán del equipo, y le exige continuar el juego y que se aumentaran los minutos que se perdieron en la atención de Ernesto.

Alberto nos dijo que nunca lo había visto con un ataque tan violento, pensó que le había dado un infarto; que la suerte fue que Tomás, sabía lo que podía ser, y corrió en busca del medicamento, que de no haber sido así, entonces sí hubiese sido factible el infarto. También nos contó que cuando los padres se enteraron de lo ocurrido, una vez más exigieron a su hijo que abandonara los deportes, a lo que una vez más este se negó.

Para Ernesto su vida en Córdoba ha de ser similar a la de Alta Gracia. Desde que matriculó en el Colegio "Deán Funes" establece muchas amistades con sus condiscípulos. Algunos serán más afines con él por las prácticas deportivas.

Según el primogénito va creciendo —ya para esa fecha ha dado un buen estirón— y sus estudios son más avanzados, su afición por la lectura también aumenta, lo que será una constante a lo largo de su vida. Pasa de la literatura clásica infantil de aventuras a la de adultos, leyendo con avidez las obras de los mejores autores, incluyendo a los poetas.

Sus condiscípulos lo recuerdan como un alumno de una cultura muy superior a su edad y muy inteligente, al extremo de llegar al aula, preguntar el tema a tratar, pedir una simple explicación y cuando le correspondía exponer, dejar a todos asombrados. También lo recuerdan alegre y bromista.

Tomás: "A Ernesto no le gustaba frecuentar los bares, invertía el tiempo en cosas más útiles. Él no tenía tiempo para jugar naipes —aunque los jugaba muy bien—, billar, ni sentarse en un bar largo rato a tomar; prefería hacer deporte, leer o estudiar. Siempre se acostaba un poquito más tarde. Me parece, no estoy seguro, que tenía ya cierta habilidad de hacer la lectura rápida, de la que se habló después. Por aquella época aparecieron los licuados, que ustedes llaman batidos y a Ernesto le gustaban mucho, sobre todo los de banana. Pero algunas veces, después del partido de *rugby*, se juntaban los miembros de los equipos, o del nuestro, e íbamos al bar más cercano, o al del club donde competíamos, a tomarnos algunas cervezas o un poco de vino. Algunas noches fuimos al bar cerca del estadio donde hacíamos gimnasia, y nos comíamos una empanada o pizza con un vaso de vino. A veces cantábamos tangos; a él los que más le gustaban eran *Sur, Cambalache, Cafetín de Buenos* Aires y Justo el 31, entre otros, y por lo general los recitaba."[26]

26 Ibídem.

Cumplidos los 17 años, se evidencia el estirón que se ha producido en su físico. Lo más novedoso, luego de iniciarse en la adultez —ha tenido un desarrollo físico tardío—, son las primeras cosquillas de la apetencia amorosa, que parecen haber tenido un hermoso inicio con una bella muchacha, Carmen Córdoba de la Serna, *la Negrita*: "Ernestito y yo fuimos más que primo y amiga, pues tuvimos un lindo idilio amoroso. Cosas de juventud, pero que yo nunca he olvidado..." [27]

EL PRIMER TRABAJO. PERO NO DEJA DE PRACTICAR DEPORTE

Transcurre el año 1946 y a Ernesto le restan varias asignaturas para finalizar el bachillerato. También por esa fecha ha de realizar su primer trabajo, junto con su amigo Tomás, en el departamento de análisis de materiales, en la Dirección Provincial de Vialidad, lo que le resta tiempo para practicar deportes. Terminados los estudios, a Ernesto lo envían a trabajar a Villa María y a Tomás a la colonia Tirolesa. En algunos fines de semana se encontraban en Córdoba y jugaban *rugby* o fútbol, recuerda Tomás.

27 Ibídem.

III. 1947. BUENOS AIRES. ESTUDIANTE DE MEDICINA

La carrera que escoge Ernesto, ya bachiller, es la de ingeniería, pero un imprevisto lo hará cambiar su deseo. La gravedad y muerte de su abuela lo inclinan a la medicina. Al exponer su decisión todos se extrañaron, pues siempre creyeron que estudiaría ingeniería por su inclinación a la matemática. Al finalizar esta etapa de su vida y entrar en una de un nivel superior, ha ampliado su horizonte intelectual y deportivo.

ME GUSTA EL RUGBY *Y AUNQUE REVIENTE LO VOY A SEGUIR PRACTICANDO*

Don Ernesto: "Cuando Ernesto volvió a Buenos Aires lo inscribí como socio en el Club SIC (San Isidro Club), del cual yo era uno de los fundadores. Allí, junto con su hermano Roberto, intensificó su juego de *rugby*.

"A mí me preocupaba enormemente que Ernesto —que siempre seguía con su asma a cuestas— jugase este deporte tan violento, pero fue inútil mi advertencia, era un empecinado y como le gustaba el *rugby*, lo hacía a despecho de su enfermedad.

"Cuando jugaba, siempre conseguía un amigo que corría por la línea con el inhalador, para dárselo a Ernesto cuando se lo pidiese. Si se sentía muy fatigado, pedía permiso al juez y se daba unos cuantos bombazos con el inhalador, para después seguir jugando.

"Los médicos me habían dicho que este deporte para Ernesto era simplemente suicida. Que su corazón no podía aguantarlo. Una vez se lo dije y me contestó: 'Viejo, me gusta el *rugby* y aunque reviente lo voy a seguir practicando'.

"Ante tanta insistencia decidí usar otros procedimientos. Mi cuñado Martínez Castro era el presidente del Club SIC y le pedí que sacara a Ernesto del equipo en que jugaba. Mi cuñado así lo hizo y Ernesto, furioso, se cambió al club vecino Atalaya y siguió jugando como siempre." [28]

En noviembre de 1957, Ernesto matricula oficialmente los estudios de medicina. Hasta esa fecha ha sido oyente. Con relación a su padecimiento asmático ha experimentado alguna mejoría, pues se ha visto con el doctor Salvador Pisani, destacado alergista. Al darse cuenta el asmático de que su mal tiene un principio alérgico, se interesa en estudiar dicha especialidad y como las relaciones entre galeno y paciente se fueron estrechando, el profesor acepta que asista a su clínica para el estudio e investigación de la alergia.

Al poco tiempo de iniciar su carrera, el padre le consigue un puesto en la Sección de Abastecimiento de la Municipalidad de Buenos Aires, con el fin de que ayudara en su mantenimiento, pues la economía de la familia continúa disminuyendo. Más adelante, para contar con mayor libertad de acción, se desempeña como vacunador en la misma municipalidad, tarea que le restará tiempo para los deportes, aunque no deja de practicarlos.

1948. ESPECTADOR DE CARRERAS AUTOMOVILÍSTICAS. FANGIO

"Ernesto nos visitó varias veces en Córdoba —nos dijo Tomás—. En uno de sus viajes de regreso fui con él a Buenos Aires. Nos fuimos a 'dedo', fue cuando llegaron a la Argentina unos corredores italianos y comenzó a correr Fangio. Eso fue en 1948. Fuimos espectadores de esas carreras de autos." [29]

28 Ernesto Guevara Lynch: *Mi hijo el Che*. Ed. cit., p. 243.
29 Entrevista del autor.

Verdaderamente el trabajo en la municipalidad es bastante cómodo y no le interrumpe los estudios, los deportes ni el resto de sus actividades y a pesar de que no deja de asistir a su jornada laboral, queda cesante. Aunque este no le es de vital importancia para continuar sus estudios y poder vivir, le es necesario para paliar la situación económica familiar, pues los negocios del padre no siguen nada bien.

Ernesto trata de buscar la manera de obtener algunas entradas para su sustento y se le ocurre fabricar un insecticida contra las cucarachas. Nos dijo Ana María que lo que pudo ser un fructífero negocio se desvanece a los pocos meses, por la falta de recursos económicos y fundamentales por la competencia de otros productos similares.

1949. ESTUDIO Y AJEDREZ

Además de sus estudios, la asistencia a la clínica de Pisani la mantiene de manera irregular, ya que no está empleado, sino como aprendiz en los laboratorios; tampoco percibe sueldo por esto, pero le es muy importante para su desarrollo científico. Por supuesto, esta actividad le resta tiempo para los deportes. También en ese año toma parte en la simultánea que ofrece el destacado ajedrecista Miguel Najdorf en Mar del Plata.

Roberto Guevara: "En Mar del Plata se jugaban los campeonatos de ajedrez en el Hotel Provincial y Ernesto iba constantemente. Su amistad no era con Najdorf (creo que con él jugó solamente unas simultáneas). Ernesto conocía a todos los ajedrecistas más jóvenes de aquellos años (1945-1949); su gran amistad era con el campeón chileno René Letelier (Maestro Internacional), y con él, y no con Najdorf, está retratado en la playa en la foto que se ha publicado. Entre los que recuerdo que venían a jugar al ping pong con nosotros (al tenis de mesa, no al ajedrez) estaba el Gran Maestro Héctor

Rosetto (en aquel tiempo campeón argentino) y otros cuyos nombres se me escapan, pero no Najdorf." [30]

En su expediente universitario aparece que se inscribió en los deportes de *rugby*, fútbol, natación y ajedrez, también se indica que gusta de la pintura, la fotografía artística y la literatura.

INTENTO DE GARROCHISTA

Es tanta la afición a los deportes que, ante la próxima celebración de las Olimpiadas Universitarias en Tucumán, decide participar y se inscribe como saltador de garrocha. Cuando se presentó, le preguntan por su garrocha, a lo que él responde que pensaba que allí se la darían. A su insistencia le entregan una, pero a la hora de saltar no pasa de las primeras pruebas. Además compitió en ajedrez donde le fue mucho mejor.

1950. RAID *EN CICLO-MOTO. UNA HAZAÑA PURAMENTE DEPORTIVA*

En las vacaciones de 1950, Ernesto se dispone a viajar en su bicicleta de manubrios bajos, tipo de carreras, a la que le ha adaptado un pequeño motor. De inicio, "tomaría dos o tres puntos de la provincia de Córdoba, incluido el viaje desde Buenos Aires".

Buenos Aires. Se ha iniciado la década del 50 y los bonaerenses se disponen a celebrar el año nuevo. La noche es clara y el joven Ernesto, enfundado en una cazadora negra de cuero, se acomoda la mochila a la espalda, monta en la bicicleta, se despide de sus padres y hermanos, quienes dudan de que pueda llegar más allá del pueblo del Pilar, o tal vez hasta el de Pergamino, pone en marcha el motor y con su mejor sonrisa, exclama: "¡Chau incrédulos, hasta Córdoba no paro!"

30 Ibídem.

Aunque no lo demuestra, su mente también está llena de dudas acerca de si la potencia del motor será capaz de cumplir la meta: llegar a Córdoba y dos o tres puntos más de gratos recuerdos. Decide viajar de noche por ser más fresco el tiempo, pues es la temporada de verano. Son muchos los autos que le pasan por el lado, innumerables los árboles navideños, guirnaldas y anuncios que ve en los comercios, donde parece que aún es de día. Algunos transeúntes le miran con curiosidad, pero él solo se detiene cuando la luz de los semáforos lo exige. Desemboca por una avenida y acompañado de villancicos sale a la carretera rumbo a San Isidro.

"Al salir de San Isidro, pasando por la caminera, apagué el motorcito y seguí a pedal, por lo que fui alcanzado por otro raidista que se iba a fuerza de piernas a Rosario. Continuamos el camino juntos, pedaleando yo para mantener el ritmo de mi compañero, cuando pasé por Pilar sentí ya la primera alegría del triunfador,"[31] anota Ernesto en su diario, al parecer el primero de los que escribió.

Los ciclistas llegan a San Antonio de Areco a las ocho horas, y aquí se separan. Ernesto entra a Pergamino al atardecer. Ha dejado atrás extensos llanos, donde se ceba el ganado; también ha podido observar los sembrados de maíz, girasol, trigo y alfalfa. Se siente eufórico, "...ya era un triunfador, envalentonado olvidé mi fatiga y puse pie rumbo a Rosario", adonde llega a las 11 p.m. Ha roto los malos augurios de sus familiares y amigos y lo logra, enganchado de un camión.

"El cuerpo pide a gritos un colchón, pero la voluntad se opone y continúo la marcha,"[32] apuntó.

Los vientos húmedos anuncian agua, pero a él no le preocupa, pues carga un impermeable y una capa que su madre, previsora, le puso en la mochila. En la madrugada se desata la lluvia, que le obliga a cubrirse. Sonriente, exclama: "¡Puede llover todo lo que quiera!" Anda bajo el agua más o menos una hora y se siente tan feliz que ni por su mente pasó que podría sobrevenirle un ataque de

31 Ernesto Guevara Lynch: *Mi hijo el Che*. Ed. cit., pp. 259-260.

32 Ibídem, p. 260.

asma. Con el tenue sol de la mañana que se inicia, se abastece de combustible en Leones y realiza un cambio de bujías, tarea que tendrá que repetir en muchas ocasiones. A media mañana atraviesa Bell Ville y agarrado de un camión se remonta hasta cerca de Villa María.

Sigue remolcado por un auto, pero se le explota la goma trasera y rueda junto con la bicicleta un buen tramo. Por suerte, ni él ni la bici- moto sufren daños de consideración.

La aparatosa caída se hace acompañar de un fuerte ruido que despierta a un linyera (buscavidas), que duerme debajo de una alcantarilla. De este encuentro anota: "...Iniciamos una conversación y cuando se enteró de que era estudiante se encariñó conmigo. Sacó un termo sucio y me preparó un mate cocido con azúcar como para endulzar a una solterona." [33]

AJEDREZ, FÚTBOL Y RUGBY

El ciclista se despide de su ocasional amigo muy agradecido. Camina unas dos horas, hasta que un camión lo lleva hasta Córdova. Se dirige a la casa de los Granado Jiménez, "meta de mis afanes". Ha demorado 41 horas y 17 minutos en los 700 kilómetros desde Buenos Aires. Gregorio le explica que Tomás está de viaje y volverá dentro de dos días. En ese tiempo juegan ajedrez, fútbol y *rugby* con el Greco y otros amigos.

CAMPISMO Y ALPINISMO. SITUACIÓN PELIGROSA

Con la llegada de Tomás se organiza el deseado zafari y tal es el embullo, que los padres de los Granado se unen a ellos. Todos van en autobús. Pasan dos días en Tanti y luego parten para Los

33 Ibídem, p. 260.

Chorrillos. Ernesto escribió en su diario una bonita descripción del lugar, donde muestra su veta literaria.

El intrépido Fúser sugiere subir hasta donde comienza la cascada y llegar a Los Chorrillos, bajando por ella. Solo Tomás acepta. Marchan con mantas y sogas. Ya al atardecer están cerca de la meta, pero no es posible continuar por lo intrincado de la vegetación; molesto por no poder saciar sus deseos, Ernesto insiste. Tomás trata de convencerlo, pero nada. "Se me había metido entre ceja y ceja bajar al chorrillo por la cascada, pero tuve que desistir e iniciar el descenso por una cortada a pique, la más difícil que encontré para sacarme el gusto," [34] anota Ernesto. El terreno no es firme y el andar es difícil. Al poco rato ha dejado muy atrás a su compañero, quien lo pierde de vista en un recodo, por lo que regresa al campamento y cuenta lo sucedido; esperan que de un momento a otro su amigo aparezca.

Mientras, el temerario alpinista baja como un bólido, agarrándose fuertemente de las ramas. Va feliz, vence uno tras otro los obstáculos, que le hacen caer más de una vez, pero ágilmente se incorpora y sigue el descenso. Ya está a mitad del camino, seguro de que llegará de un momento a otro. No se detiene, un nuevo salto y, al caer, una pierna no le responde y comienza a rodar por el suelo. Junto con él, arrastra piedras, palos, ramas secas y todo lo que encuentra. Una polvareda lo envuelve. Quien hubiese podido verlo, pensaría en un alud que se estrellará contra las rocas en la profundidad. Pero por suerte Ernesto logra asirse fuertemente de un pequeño tronco y se detiene. Jadeando, temeroso y lleno de tierra mezclada con sudor, contempla a pocos metros el inicio al vacío, y respira profundamente.

Convencido de que es imposible seguir bajando, con sumo cuidado se incorpora y ya más calmado, caminando como los ciegos —no da un paso sin estar seguro de que no será en falso—, comienza el retorno, loma arriba. De aquella peligrosa experiencia

34 Ibídem, p. 260.

anota: “Allí aprendí la ley primera del alpinismo: es más fácil subir que bajar.” [35]

Sus amigos se preocupan por la tardanza y al ver que la luz de la tarde se va extinguiendo, la inquietud los invade a todos. De pronto escuchan a lo lejos su voz: ¡TOMÁS, ESTOY AQUÍ, VOY PARA ALLÁAA...!

Aquel accidente, que pudo ser fatal, le disgustó mucho y pasa el resto del día bastante farruco, nos contó Tomás; sin embargo, él escribiría lo siguiente: “El amargo sabor de la derrota me duró todo el día.” [36] Del peligro no se acordaba.

CLAVADISTA

Tomás Granado: “Al otro día fuimos al río y cuando se tiró desde un lugar muy alto, la gente que se estaba bañando en esa zona, al ver que se iba a largar, se viraron de espalda para no contemplar como se destrozaría contra las rocas.” [37] Por su parte, Ernesto refiere:

“...pero al siguiente me tiré de unos cuatro metros (de altura) a unos dos metros o menos, con setenta centímetros de agua, lo que me borró el sabor amargo del día anterior.” [38]

Es palpable la temeridad como una constante en él, así como evidente su orgullo cuando realiza algo que compense cualquier derrota. Sigue Ernesto: “Ese día y parte del siguiente llovió mucho, por lo que resolvimos levantar la carpa. Casi a eso de las cinco y media, cuando con gran pachorra íbamos envolviendo los cachivaches, se oyó el primer sonido gangoso del arroyo que bramaba. De las casas los vecinos salieron gritando: ‘¡Viene el arroyo, viene el arroyo!’ Todo el campamento nuestro era una romería, los tres

35 Ibídem.
36 Ibídem.
37 Entrevista del autor.
38 Ernesto Guevara Lynch: *Mi hijo el Che.* Ed. cit., p.262.

llevábamos y traímos cosas. A último momento el Greco toma las puntas de la cobija y se lleva todo lo que quedaba, mientras Tomás y yo recobramos las estacas a toda velocidad.

"Ya se venía la ola sobre nosotros y la gente nos gritaba: Dejen eso, ¡locos!, y algunas palabras no muy católicas. Faltaba solo una soga y en estos momentos yo tenía el machete en la mano. No pude con el genio y en medio de la expectativa de todos lancé un: ¡A la carga, mis valientes!, y con cinematográfico hachazo corté la piola. Sacábamos todo al costado cuando pasó la ola bramando furiosamente y mostrando su ridícula altura de un metro y medio entre una serie de ruidos atronadores." [39]

DEPORTES

Dos días más tarde se les une Alberto —al que Ernesto dice cariñosamente Petiso, en vez de Mial, por ser bajetón. A este, por su parte, lo sigue llamando Pelao o Fúser y luego de pasados otros días más, regresan a Córdoba. Como el asma no ha aparecido y la bici-moto se ha portado bien, se decide a ampliar su viaje. Antes visita a sus amistades de Alta Gracia, recorre los lindos parajes y comparte unos días con sus hermanos, tíos y primos en Pantanillo, que pasan allí las vacaciones. También juega *rugby*, fútbol, golf y nada en los Paredones y en la piscina del Sierras Hotel.

CONTINÚA EL RAID *EN CICLO-MOTO*

Antes de partir, Tomás le saca una foto frente a su casa de la calle Roma. La goma de repuesto, a manera de bandolera, se la facilita su amigo.

39 Ibídem, p. 263.

En la fresca tarde del 29 de enero deja atrás la ciudad y comienza a distinguir los contornos de las montañas, precedidos por un seco terreno de poca vegetación. Pasa por Colonia Caroya. Más adelante, luego de una frugal comida se mete en su saco de dormir bajo un árbol, a la orilla del camino de San José de la Dormida; según él, hace honor al nombre del lugar, pues duerme hasta las seis horas del próximo día, en que vence una empinada cuesta a pedal, ya que el motor se resiste. Invitado por Alberto llega al leprosorio de San Francisco de Chañar.

Su estancia allí tiene triple propósito, el deportivo, el turístico y el científico. Al otro día visitan a un hombre que padece la lepra, enfermedad que ha comenzado a interesarle. Luego comparten con unos amigos, donde toman unas copas y comen. Al regreso, Fúser hace una mala maniobra y va a parar al suelo; a criterio del amigo, el vinillo ha sido el culpable de la caída, pues el convite fue amplio. Por suerte solo se le rompen ocho rayos de una rueda, por lo que tendrá que esperar hasta repararlos.

FÚTBOL, CIENCIA E HIPISMO

En ese tiempo juega fútbol y realiza tertulias científicas con un especialista en enfermedades hepáticas. Otra de las recreaciones realizadas fue el hipismo:

"Como jinete era bueno, pues desde niño lo aprendió en la estancia de la abuela y supimos que nunca dejó de practicarlo. Cuando me visitó en San Francisco de Chañar, resultó que en el leprosorio había peones que trabajaban con caballos, y yo tenía una yegua de media sangre, hija de una madre criolla con un padrillo inglés. Estos animales nunca aceptan las monturas, a lo sumo una loneta o filete sobre el lomo y el freno. De esa forma es que se realiza la carrera cuadrera, que llaman así por ser de dos cuadras la distancia a vencer. El día que fuimos a dar un paseo en los equinos, él pidió que le dieran la yegua Promanida, que era como se llamaba el animal. Es el nombre de un medicamento que se le da a los leprosos, muy fuerte". Nos contó Alberto y concluyó:

"Todo el recorrido lo hizo en la yegua, solo con la loneta y los frenos, o sea, al pelo, y eso no lo hace nadie que no sepa montar bien. A todos nos asombró su estilo de jinetear."[40]

Al cuarto día, reparados los rayos de la rueda, planifican salir para Ojo de Agua, pero son invitados por un vecino y con él disfrutan de una buena milonga, copetines y comida. La noche siguiente sucedió lo mismo, por lo que el invitado abandonó el lugar rumbo a Santiago del Estero, en la venidera tarde.

Varios ponches le demoran la llegada a su destino y a la mañana siguiente parte rumbo al Sahara argentino, como llaman a Salinas Grandes. Es advertido de que lleve suficiente agua, pero él carga solo medio litro, pues "la mezcla bien batida de irlandés y gallego que corre por mis venas hizo que me empeñara en esa cantidad y con ella partí",[41] apuntó Ernesto.

LA PRIMERA ENTREVISTA AL JOVEN ERNESTO. PRESENCIA UN PARTIDO DE BALONCESTO

A los ojos del ciclista asoma una extensa planicie, remanente de lo que pudo ser hace muchos siglos un mar interior, debido a la existencia de abundantes salinas. Duerme en Loreto. Pasada la noche reanuda la marcha, alternando el camino malo con el bueno, pierde la cantimplora y además entra a la calurosa ciudad de Santiago del Estero, capital de la provincia del mismo nombre. En la primera parada que hace para refrescar es abordado por un periodista de la vecina provincia de Tucumán. "Aquí se me hizo el primer reportaje de mi vida para un diario..." [42] Visita el pueblo de La Banda, del que dice que le pareció más bonito. En la noche, a

40 Entrevista del autor.

41 Ernesto Guevara Lynch: *Mi hijo el Che*. Ed. cit., p. 264.

42 Ibídem, p. 266.

pesar de lo extenuado que se encuentra, no deja de asistir a un partido de baloncesto entre Santiago y La Banda, y se percata del fuerte antagonismo existente entre los habitantes de ambas ciudades, cosa frecuente, por demás. Por lo visto el cansancio no le ha mermado su pasión por los deportes.

Un nuevo día. Dos patadas al pedal hacen funcionar el motor, un sonriente chau a los atentos anfitriones y comienza a rodar por las calles santiagueras hasta tomar la carretera que lo llevará a Tucumán. Allí aprecia, en contraposición con la anterior provincia, fértiles valles, bosques, arroyos, ríos y altas montañas. El deleite del paisaje es interrumpido por la detonación de un neumático, que no es ninguna sorpresa para el raidista, ya acostumbrado a esos percances. Con toda calma comienza a coger el ponche. Cuando echa aire a la goma, alguien le habla: Joven, ¿necesitá ayuda?

Ernesto se vira y distingue a otro linyera, sonriente, en una alcantarilla.

—No, gracias, ya terminé —le dice, y bicicleta en mano va a su encuentro—. Luego escribirá:

"...y naturalmente iniciamos la conversación. Este hombre venía de la cosecha de algodón en El Chaco y pensaba, luego de vagar un poco, dirigirse a San Juan, a la vendimia. Enterado de mi plan de recorrer unas cuantas provincias y luego de saber *que mi hazaña era puramente deportiva*, se agarró la cabeza con aire desesperado: ¡Mamá mía!, ¿toda esa fuerza la gasta inútilmente usted?"[43]

Sin embargo, Ernesto no le dio importancia a lo escuchado y, por el contrario, el sorpresivo y agradable encuentro le proporciona nuevas vivencias acerca de los linyeras, que prefieren deambular por todo el país, a costa de grandes trabajos y privaciones, en vez de asentarse en un lugar fijo. Se despide del circunstancial amigo y continúa su camino. Luego de cruzar la majestuosa ciudad de Tucumán, tal como la describe Ernesto, busca la vía hacia Salta y sorprendido por un aguacero, tiene que pedir albergue en el cuartel Arsenales.

43 Ibídem. (El subrayado es de W. Gálvez.)

A las pocas semanas de haber nacido, con sus padres en un parque de la ciudad de Rosario.

Navegando por el Paraná. Ernestito y su hermana Celia, la madre y tías.

Se inicia en el hipismo. Sus primeros paseos a caballo en la estancia de la abuela, en Santa Ana de Irineo Portela.

El primogénito, luego de una crisis de asma. Alta Gracia.

Ciclismo infantil en los bosques de Palermo.

bu eno para jugar al fútbol. Ernestito es el primero de la

r del agua, pero la madre se impone. Mar

Con porte de un verdadero jinete. En un paseo flanqueado por Robertito y Celita. Alta Gracia.

Listo para practicar la natación asesorado por su mamá, magnífica profesora. Pileta del Sierras Hotel. Alta Gracia.

Con parte de la barra del barrio, Ernestito en el extremo derecho y Ana María, en el izquierdo.

La barra en el campo de golf. Ernestito con un palo, el primero a la derecha.

El Estudiantes Club de *rugby*. El cuarto, sentado, es Ernesto.

De derecha a izquierda, Ernesto, Gregorio, Alberto, Tomás, Prato y Nery Cambronero.

Con el campeón chileno de ajedrez René Letelier, en la playa de Mar del Plata.

Durante su recorrido en ciclo-moto, con los hermanos Alberto y Gregorio Granado. Zona de Los Chorrillos.

Se dispone a partir desde frente a la casa de los Granado. Córdoba.

Con su tío Jorge de la Serna. Durante las clases de vuelo de planeadores. Pista El Palomar, Buenos Aires.

Navegando en el Atlántico, como enfermero en la marina mercante Argentina.

Portada de la revista *Tackle*.

nte de vencer a Olivos, team de potencialidad nada spreciable; en este partido los futuros campeones de cera trataron infructuosamente de doblegar la defensa C.U.B.A., pero a la postre triunfaron estos últimos r 20 a 6.

y 4 jugaron en 4 partidos, siendo en consecuencia el team bastante diferente en cada confrontación, lo que influyó para que el equipo no alcanzara a tener la misma coordinación que le vimos durante el campeonato oficial.

LEFT OUT SIDE

.I.C. CAMPEON DEL SEVEN

El seven del año pasado fué, omo todos los torneos de esta ase, un espectáculo diverti- y emocionante en grado mo.

San Isidro Club, su brillante ncedor, mereció la victoria esde todo punto de vista; fué equipo que mejor adminis- ó sus fuerzas, tanto que llegó la final con 32 tantos a favor 5 en contra, mientras Pucará hacía con 52 a favor y nin- uno en contra. Además no excedió en los tiros al uch, fué dueño de una de- nsa impecable, y sobre todo uvo un oportunismo extraor- inario, que lo llevó a aprove- har a fondo sus posibilidades. on ejemplos de este oportu- ismo los dos tries que marcó erό contra Pucará.

Si bien es cierto que Pucará debió jugar un partido más que el S.I.C., éste jugó todo el campeonato sin cambiar nin- gún nombre.

En la primera y segunda rueda derrotó a Porteño y Su- cu por 8 a 0 y 11 0, respecti- vamente, sin esforbarse; luego derrotó a Buenos Aires por 8 a 5, en uno de los mejores partidos de la tarde y que se definió en el último minuto. En la semifinal le ganó a De- portiva Francesa por 5 a 0 y en la final se impuso a Pucará por 6 a 3, en un partido parejo, haciendo gala de un tackle recio, seguro y de su prover- bial espíritu de lucha.

Entre los fordwars, Glastra se ocupó de obtener muchas pelotas en el "line out". Me- dina jugó con inteligencia y habilidad de manos, y Saran- dón fué nuevamente el gran

El medio scrum Peró, de cuar- ta división, se reveló como un jugador de grandes condicio- nes y este año integrará pro- bablemente como titular la primera de su club. Hughes tuvo chispazos de su reconoci- da calidad, y tackleó decidi- damente; de las Carreras fué un insider escurridizo y pene- trante, y Guevara fué muy efectivo, aprovechando su ve- locidad.

Equipo de San Isidro Club, ... ganador del seven de ...

Copia del artículo sobre el campeonato del *Seven.*

RUGBY EN EL INTERIOR

CHANG-CHO.

Por dificultades surgidas a último momento, nos hemos visto imposibilitados de comentar el match sostenido en la ciudad de Paraná el domingo último entre Hindú y Estudiantes de Paraná, y en el cual triunfara aquél por 5 a 3.—

A NUESTROS LECTORES

Todo pedido de suscripción por carta, debe ir acompañado de un giro postal a nombre de **Francisco C. Lynch**, calle Paraguay 2034, 1er. piso, — Buenos Aires.

Copia de una de sus crónicas.

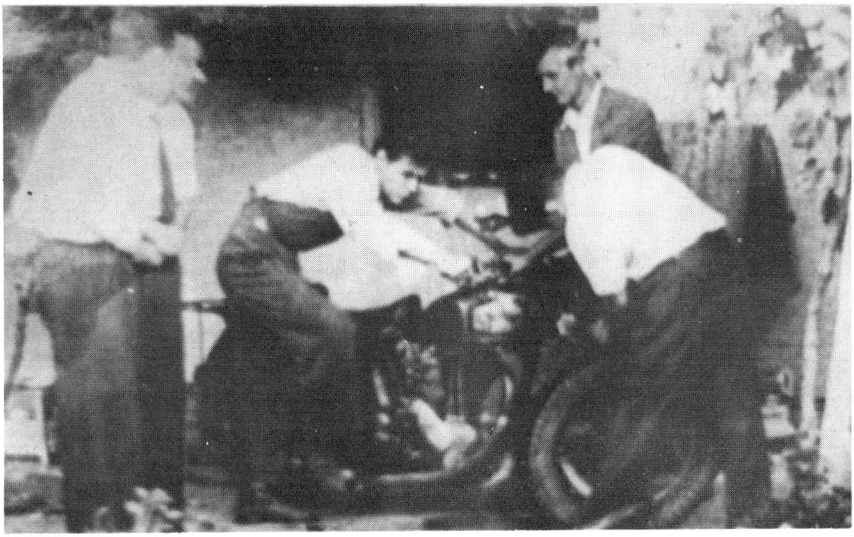

Ernesto con los hermanos Granado, preparan La Poderosa II, para el gran *raid* por América. Córdoba.

2 expertos argentinos en leprolo

recorren Sudamérica en motocicle

Están en Temuco y desean visitar Rapa-N

DR. A. GRANADOS Y EL ESTUDIANTE E. GUEVARA

El raid llegará hasta la capital venezolana.

La entrevista en Temuco.

Luego de abandonar La Poderosa II, en espera que alguien les dé un aventón. Foto tomada por Alberto.

Sobre el puente de Pucará, frente a uno de los tantos camiones que le dieron "botella", en su paso por Perú.

Pescando en el Amazonas. Perú.

Antes de partir del leprosorio de San Pablo.

Inician la travesía por el Amazonas.

Con el club Atalaya. Ernesto, agachado con el balón. Buenos Aires.

Continúa y no se detiene hasta la unidad de la Policía Caminera. Mientras descansa, un raidista con una poderosa moto del último modelo se le ofrece para remolcarlo, pero como debe ser a considerable velocidad, no acepta. Ernesto come algo y toma café. Efectúa la rutinaria revisión de su equipo y arranca para Salta. A sus ojos aparece el pueblo de Rosario de la Frontera y, al pasar por la comisaría, observa algo que lo estremece: la moto del hombre que le ofreció remolcarlo es bajada de un camión, con las señales inequívocas de un accidente. Con un mal presentimiento se acerca a uno de los agentes que realizan la operación y le pregunta: Y, al conductor, ¿qué le pasó...?

—Muerto. Es la lacónica respuesta.

Con esa desagradable sensación, parte rumbo a Matan, zona montañosa que le ofrece magníficos paisajes como los que ha dejado atrás. En su diario leemos: "Entrada la noche subo la última cuesta y me encuentro frente a la magnífica ciudad de Salta. Debe anotarse el hecho de que da la bienvenida al turista la geométrica rigidez del cementerio." [44]

En el hospital expone ser estudiante de medicina y su cama será una camioneta, donde descansa a sus anchas, hasta que el chofer del vehículo lo despierta. Un fuerte aguacero evita su partida. A media tarde escampa y se retira. Pero el fango no le permite continuar. Al rato aparece un camionero que con suerte es Luchine, un chofer conocido, quien lo traslada hasta la carretera de La Cornisa, donde le es posible continuar en su bici-moto. El paisaje lo vuelve a subyugar, y así lo plasma en sus notas.

Para continuar el recorrido tendrá que pasar de nuevo por Salta, donde al parecer permanece algunas horas más que la vez anterior. Entre los amigos del hospital surge una pregunta, lo consideran como un turista más, lo que hace que Ernesto escribiera en su diario: "...No, no se conoce así un pueblo, una forma y una interpretación de la vida. Aquello es la lujosa cubierta, pero su alma está reflejada en los enfermos de los hospitales, los asilados en las comisarías o

44 Ernesto Guevara Lynch: *Mi hijo el Che*. Ed. cit., p. 268.

(en) el peatón ansioso con quien se intima, mientras el Río Grande muestra su crecido cauce turbulento... Pero todo esto es muy largo de explicar y quién sabe si sería entendido. Doy las gracias y me dedico a visitar la ciudad, que no conocí bien a la ida."

Esta es la primera observación escrita del joven Ernesto acerca de la diferencia existente entre las clases sociales. Aunque ya él la había palpado en las villas miserias cuando viviera en Córdoba; no le conocemos de ninguna manifestación anterior al respecto. Sigamos con su diario:

"Al anochecer me arrimo a la dotación policial que está a la salida de la ciudad y pido permiso para pasar la noche allí. Mi idea es tratar de hacer la parte montañosa en camión para salvarme de estas penosas trepadas en los malos caminos, vadeando (ríos) y varios arroyos crecidos, pero me desaniman pronto; es muy sabido que es muy difícil que pase un camión, ya que todos pasan temprano para llegar a Tucumán el domingo de mañana."

...

"A las cuatro [del lunes] me despedía de los agentes y empecé la trabajosa jornada hacia Tucumán. Los frenos de la bicicleta me estaban dando trabajo, de modo que tenía que andar con cuidado en las cuestas, ya que no sabía lo que podía encontrar del otro lado de la curva o al final de la misma, pues el farol era insuficiente para mostrármelo. A eso de las siete de la mañana tuve una agradable sorpresa, una larga hilera de camiones, uno detrás del otro, estaban empantanados, los conductores se despertaban y entre ellos formaban conciliábulos. Me acerqué a curiosear en la rueda y ¡oh, sorpresa, mi viejo amigo Luchine, el camionero, también era de la partida!

"Empezaron las pullas y los contrapuntos y en seguida se formalizó la apuesta: yo saldría inmediatamente, y si era alcanzado antes del asfalto que lleva a Tucumán, mala suerte, pero si ellos no me podían alcanzar, esperaría allí para que me dieran una regia comida con todas las de la ley. Se acabaron los paisajes, la falta de frenos, las curvas peligrosas, el cansancio, la sed: ante mí fulguraba el resplandor del banquete y cada paso que daba hacia la meta me parecía ver más grande un regio pollo jugoso rodeado de unas apetitosas papas asadas."[45]

Es seguro que lo más importante para él no sería el "regio pollo", sino la satisfacción por ganar la porfía. Según el padre, Ernesto debió escribir otro cuaderno, pero este nunca se encontró. Por algunas de sus cartas existentes se sabe que llega a San Juan, capital de la provincia del mismo nombre, atravesando de nuevo Tucumán por el sur, el este de la Catamarca y La Rioja, por caminos muy accidentados en su mayoría y altas montañas enlazadas con la cordillera de los Andes, con picos hasta de 6 900 *m*, en la región de San Juan.

DE NUEVO EN CASA

De Mendoza sigue a San Luis y por el Sur de esta provincia continúa a Buenos Aires. El recorrido ha sido en doce de las veintidós provincias, cubriendo 4 500 *km*.

Cuando lleva a reparar el motor que adaptó a su bicicleta para el viaje, el representante del equipo se asombra al conocer los kilómetros recorridos, y le propone darle uno nuevo si le permite un anuncio con su foto y testimonio. El joven acepta. Será su segundo reportaje. En marzo inicia el tercer año de la carrera. Reanuda sus encuentros con las amistades, que ahora han aumentado. También vuelve a la práctica deportiva, en especial de *rugby* y sigue frecuentando el laboratorio en la clínica del doctor Pisani.

CAMPEONATO DEL SEVEN. *1950*

Por lo que expone la página 15 de la revista *Tackle* del 5 de mayo de 1951, Ernesto participó en el campeonato de *Seven*, formando

45 Ibídem, pp. 270-272.

parte del San Isidro Club (SIC), equipo que resultó campeón: "El Seven del año pasado fue como todos los torneos de esta clase, un espectáculo divertido y emocionante en grado sumo.

"El San Isidro Club, su brillante vencedor, mereció la victoria desde todo punto de vista; fue el equipo que mejor administró sus fuerzas, tanto que llegó a la final con 32 tantos a favor y 5 en contra, mientras Pucará lo hacía con 52 a favor y ninguno en contra. Además no se excedió en los tiros al *touch*, fue dueño de una defensa impecable, y sobre todo tuvo un oportunismo extraordinario, que lo llevó a aprovechar a fondo sus posibilidades. Son ejemplos de este oportunismo los dos *tries* que marcó Peró contra Pucará.

"Si bien es cierto que Pucará debió jugar con un partido más que el SIC este jugó todo el campeonato sin cambiar ningún hombre.

"En la primera y segunda rueda derrotó a Porteño y Sucu por 8 a 0 y 11 a 0, respectivamente, sin esforzarse; luego derrotó a Buenos Aires por 8 a 5, en uno de los mejores partidos de la tarde y que se definió en el último minuto. En la semifinal le ganó a Deportiva por 5 a 0 y en las finales se impuso a Pucará por 6 a 3, en un partido parejo, haciendo gala de un *tackle* recio, seguro y de su proverbial espíritu de lucha.

"Entre los *fordwars*, Glastra se ocupó de obtener muchas pelotas en el *line out*. Medina jugó con inteligencia y habilidad de manos, y Sarandon fue nuevamente el gran *fordward* de todos los partidos. El medio *scrum* Peró, de cuarta división, se reveló como un jugador de grandes condiciones y este año integrará probablemente como titular la primera de su club; Hughes tuvo chispazos de su reconocida calidad, y tackleó decididamente; de las Carreras fue un *insider* escurridizo y penetrante, y Guevara fue muy efectivo, aprovechando su velocidad."[46]

Luego aparece una foto de 2 x 1 pulgadas, con el siguiente texto: "Equipo de San Isidro Club, ganador del *Seven* de 1950." En la toma aparecen los siete jugadores, el capitán del equipo y un funcionario del club. Sentados en el suelo, hay tres atletas, Ernesto es el tercero

46 "SIC Campeón del Seven". Revista *Tackle*. Buenos Aires, 5 de mayo de 1951, p. 15.

de izquierda a derecha. De pie los restantes jugadores y dos directivos del club.

CAPITÁN DE EQUIPO

Roberto Ahumada: "...mi vinculación [con Ernesto] era muy superficial.

"Un día estando de visita en su casa me invitó a integrar un equipo de *rugby* de tercera división, donde él había sido designado capitán; yo tenía 19 años y acepté por curiosidad, pues de ese deporte solo conocía de ver jugar a Roberto. Así establecimos una vinculación directa y empezamos a vernos más seguido y a tener más confianza y ser más compañeros.

"Empezamos a jugar, y al poco tiempo ingresé en un equipo de jóvenes que pintaban bien y Ernesto siguió jugando un año más, porque después se fue en su viaje con Granado..."[47]

Ernesto tenía mucha "...fuerza de voluntad para sobreponerse a su enfermedad, porque para un asmático correr durante 70 minutos, jugando *rugby*, era verdaderamente una proeza, y no solamente corría, sino que se destacaba como tackleador fuerte, era macho para agarrar la pelota y salir corriendo. Tenía unas fuertes garras como jugador."[48]

DEPORTE AÉREO

Después del primer semestre de 1950, Ernesto inicia el aprendizaje de vuelo a vela con su tío Jorge de la Serna, con quien mantiene magníficas relaciones debido a que sus caracteres y manera de ser son muy similares y coincidentes, sobre todo en lo que respecta a los deportes. En un pequeño aeropuerto de la localidad de Morón, cerca de Buenos Aires, imparte las clases a su sobrino. Nos contó

47 Adys Cupull y Froilán González. Ob. cit., p. 137.
48 Ibídem, p. 119.

Ana María que por lo costosa que era la práctica de este deporte, tuvo que abandonarlo.

CUPIDO LO FLECHA

En octubre de 1950, se celebra la boda de una de las hijas de los González–Aguilar, en Córdoba, a la que acude la familia Guevara de la Serna y Ernesto conoce a una bella jovencita, llamada María del Carmen Ferreira, a la que apodan Chichina. De rostro muy bello, de encantadora sonrisa, pelo oscuro, ojos azules, no muy alta, pero de esbelta y atractiva figura. Tendrá unos 16 años.

Al poco tiempo de conocerse se hacen novios y ella será su primer compromiso formal. En estas relaciones está presente la dificultad de que él vive y estudia en Buenos Aires. Si antes viajaba a Córdoba con frecuencia para visitar a sus amistades, ahora lo hace, siempre que le es posible, para estar con su adorada Chichina.

I JUEGOS PANAMERICANOS

Desde el 25 de febrero al 8 de marzo de 1951 se efectuaron en Buenos Aires los I Juegos Panamericanos, con la asistencia de 22 países, que compiten en 19 disciplinas deportivas, con un total de 2 513 atletas. Sin embargo, Ernesto no podrá disfrutar de ellos por el compromiso contraído de trabajar como enfermero de la Marina Mercante Argentina. Realiza su primer viaje del 19 de febrero al 29 de marzo del mismo año y tendrá que conformarse con conocer el evento por la prensa.

1951. NAVEGANDO POR EL ATLÁNTICO Y EL CARIBE

Más por el deseo de conocer nuevos países y por cambiar de ambiente —la Universidad lo tiene un poco harto, nos dijo Ana María—, que por la remuneración económica que pudiera recibir, el estudiante de medicina y deportista se embarca como enfermero.

El sábado 19 de febrero de 1951 zarpará desde el puerto de su ciudad natal, Rosario —según aparece en el documento de embarco y desembarco—. Es su primer viaje por los mares del Atlántico. Antes, cuando pequeño, hizo largas travesías por los ríos Paraná y La Plata. Según Ana María, visitó Venezuela, Trinidad y otros puertos del Caribe, así como São Paulo en Brasil. De estos viajes existen constancias fotográficas.

El trabajo finalizó el 16 de junio del mismo año. Por lo que nos dijo su hermana Ana María, los viajes le brindan gran satisfacción, pero Ernesto no pudo conocer mucho más allá del puerto de los países visitados y como su interés era recorrerlos lo más posible, estos no continuaron, pues además de lo anterior, corría el peligro de que sus estudios se extendieran.

ESTUDIO, RUGBY *Y CRONISTA DEPORTIVO*

De inmediato reinicia sus estudios y la participación en el San Isidro Club (SIC), de *rugby*. No deja de jugar ajedrez, nadar, montar bicicleta y hacer campismo. Sin embargo, para esa fecha lo que más le atrae es el *rugby*. El formar parte de un equipo de este deporte exigía mucho tiempo para los entrenamientos, que eran casi a diario y obligatorios y, aunque a Ernesto le atrae grandemente esta disciplina, tiene otras obligaciones, como son, además de sus estudios, las investigaciones que realiza en la clínica de Pisani y visitar a su novia en Córdoba, por lo que no siempre está incluido en el equipo. No obstante, cuando deja la marinería pasa a formar parte del SIC. También tendrá más tiempo para su cooperación en la revista *Tackle*.

Roberto Ahumada: "Fundamos la revista *Tackle*, yo era uno de sus redactores. Éramos 10 amigos que lo hacíamos todo; usábamos seudónimos... Máximo Leluer, era *Maco*; Roberto Guevara, *Chiquitín*, Ernesto era *Chang-Cho*; Emilio Méyer Arana, *K. Vayito*, por caballito; Francisco Lynch, *Leff-Out-Side*; Julio César Castro utilizó dos seudónimos, *Tomás de Ronga* y *Julio Cecas* y yo *Kick Delwing*. Nos reuníamos todas las semanas para discutir los artículos... en un despacho que tenía el padre de Ernesto y Roberto en la calle Paraguay número 2034."[49]

La publicación debe salir todos los sábados con la cubierta de papel bond y 16 páginas interiores de gaceta. El 5 de mayo se publicó el No. 1, del Año 1, de 1951. Por lo que leemos en el No. 11 del 28 de julio de 1951, la revista demora en salir y desde esta fecha lo hará quincenalmente, por falta de papel, pero resultó que este número fue el último y conocemos por lo que ha dicho Roberto "que dejó de salir por falta de fondos". La revista posee las crónicas de los campeonatos amateur en las distintas divisiones, acompañadas en su mayoría de fotos de los encuentros y bastantes anuncios.

En dicho semanario Ernesto escribió seis artículos con el seudónimo de Chang-Cho, fechados los días 5; 12 y 19 de mayo, y los restantes el 23 y 30 de junio, y el 28 de julio. La salida de la publicación era los sábados y daba a conocer lo sucedido en los juegos del domingo anterior, celebrados en distintos estadios y ciudades. Incluía comentarios y fotos relacionados con el *rugby*.

Roberto Guevara: "...Diré que no se publicaron más de los once números de la revista *Tackle*, que dejó de salir por falta de fondos. Carlos Figueroa era el encargado de los anuncios. El director era Julio César Castro, hoy fallecido. Ernesto solo agregaba las notas que aparecen bajo el seudónimo de Chang-Cho (hay incluso una foto del equipo Estudiantes de Córdoba donde aparece él); mi hermano no estaba en el trabajo todos los días; en aquellos tiempos viajaba como enfermero en los barcos de la Flota Mercante del Estado y solo podía ayudar en los períodos en que estaba en tierra."[50]

Si nos fijamos en la fecha en que Ernesto da por terminado su navegar como enfermero: 16 de junio de 1951, constatamos que solo sus tres primeros trabajos se publican como dice Roberto, no así los últimos. Su primera crónica es publicada en la revista No. 1, del 5 de mayo de 1951, en la página 13 con el título: "Atalaya y las

49 Ibídem, pp. 137-138.

50 Entrevista realizada por Iván López y el autor.

terceras". Sin embargo, el 8 del mismo mes Ernesto desembarca por el puerto de La Plata (según consta en el documento de embarco y desembarco de la Flota Mercante) lo que supone lo escribió antes de embarcarse.

Del San Isidro Club (SIC) formaban parte los dos hermanos Guevara Lynch, Ernesto y Roberto, sin embargo, al ver las relaciones de los jugadores, advertimos, en algunas, R. Guevara y en otras solamente el apellido sin la inicial del nombre, lo que nos hace pensar que este último es Ernesto; de igual forma aparece en las crónicas de los juegos, donde uno de ellos participó. Por lo tanto consideramos que donde aparece nada más que el apellido, se trata de Ernesto.

Sin embargo, sobre lo anterior Roberto dijo: "Cuando en la revista aparece Guevara jugando para el San Isidro Club, se trata de mí, nunca de Ernesto."[51]

Independientemente de lo que dice el hermano, el autor se pregunta ¿con qué fin formaba parte Ernesto del SIC?, pensamos que su carácter no le permitía estar de figurón o calienta banco y que si no fuera para jugar no formaría parte de un equipo.

Por lo que leemos en la revista *Tackle*, Ernesto formó parte del SIC en el juego del domingo anterior contra el equipo Olivo (según los documentos de embarco y desembarco en esa fecha se encontraba en tierra). En una de sus partes el artículo dice: "Apenas comenzado el partido consiguió el SIC abrir el *score*, al convertir un penal por *offside* de Pell. A los 15 minutos Guevara tomó una pelota que venía picando de una apertura de Peró y logró el *try* luego de eludir a Solveyra..."[52] Este encuentro fue ganado por los primeros 24 x 6.

También en la página 13 de la misma revista aparece una pequeña crónica firmada por K. Vallito. En la relación de los jugadores del SIC aparece nuevamente el apellido Guevara sin la inicial del nombre. De igual forma lo vemos en el número del 23 de junio. En

51 **Ibídem.**

52 "Ganó bien San Isidro". Revista *Tackle*, Buenos Aires, 19 de mayo de 1951, p. 3.

una parte de la crónica leemos: "...Guevara y de las Carreras, dada la falla de su medio apertura, jugaron pocas veces con la pelota en las manos, cuando lo hicieron, fueron muy cargados por la tercera línea adversaria..." [53]

Con la publicación de sus artículos, Ernesto se iniciará como cronista deportivo, demostrando un cabal conocimiento del fútbol, además de ser un promotor para que este pudiera desarrollarse por todo el país. (Ver sus artículos en el anexo número uno.)

De ser cierto lo que dice el padre, de que logró que su hijo Ernesto fuera sacado del equipo SIC, preocupado por su salud, pero que él y su hermano se inscribieron en el Club Atalaya, debió jugar en este equipo muy poco tiempo en este año, pues a principios del próximo saldría de viaje y no regresará hasta fines de agosto del mismo año 1952. Roberto afirma que efectivamente jugó en dicho club, aunque se equivoca de año.

Alberto Granado: "Yo puedo afirmar que si Ernesto se hubiese dedicado a jugar *rugby* o fútbol hubiese sido un excelente jugador o entrenador, aun siendo asmático. Él era muy respetado por los contrarios. Por donde él estaba, ni la gente, ni la pelota pasaban." [54]

Tomás Granado: "Con el enamoramiento de Chichina aumentaron los viajes de Ernesto a Córdoba, y por supuesto a nuestra casa. Una vez se apareció en un auto de lujo, creo que de la familia de ella. Entonces lo tapamos con una sábana y fuimos para donde estaban jugando *rugby*, en la cancha estaban el equipo del que él formó parte y el contrario; todos preguntaron quién era y nosotros respondimos que era un tapado. Cuando le quitamos la sábana y vieron que era Ernesto, la alegría fue general y se acordó que ese día jugara. Ernesto gozaba de mucha simpatía entre todos nosotros y, aunque ya no vivía en Córdoba, lo seguíamos considerando del equipo." [55]

53 "Se distanció Universitario". Revista *Tackle*, Buenos Aires, 23 de junio de 1951, p. 10.

54 Entrevista del autor.

55 Entrevista del autor.

IV. PRIMER RECORRIDO POR VARIOS PAÍSES DE AMÉRICA

A lo largo de este viaje los dos jóvenes tendrán la oportunidad de desempeñarse, además de raidistas en moto, como grandes caminadores "fondistas" y a pesar de las dificultades con que habrán de tropezar, practicarán varias disciplinas deportivas. Esto permite afirmar que estas jornadas también fueron de las más sobresalientes hazañas deportivas de Ernesto. El recorrido lo harían en La Poderosa II, una moto de 500 cm^3 de cilindraje, modelo 1939, que Alberto compró ya bastante usada; el nombre es producto de que sustituye a su bicicleta que les fue de mucha utilidad, y la llamaban La Poderosa II.

Alberto Granado: "Los días que siguieron después de acordado el viaje fueron un torbellino enloquecedor de mapas, repuestos mecánicos, adopción y abandono de decenas de rutas, ponerme al día en el pago del automóvil Club Argentino (ACA) con el fin de utilizar sus servicios en caso de necesidad, actualizar la licencia internacional de conducir, etcétera."[56]

56 Ibídem.

EN LOS ALBORES DEL VIAJE POR PAÍSES DE AMÉRICA

El sábado 29 de diciembre de 1951 es distinto para los Granado Jiménez. El ajetreo no es el normal. Desde bien temprano los hermanos Granado y Ernesto dan los toques finales del viaje. Luego de un opíparo almuerzo colocan en la moto todo lo que han considerado necesario para el *raid*, más el equipaje de Mial; el de Ernesto lo acomodará en Buenos Aires. Algunos vecinos, que conocen lo que se proponen los "locos", se han concentrado alrededor de la máquina, que poco a poco va perdiendo su figura para parecerse a un animal prehistórico, al decir de Mial. Para otros, en cambio, parece un carro de cirqueros. Acomodados los paquetes, Tomás tira unas fotos. Todos están emocionados.

PELIGRO DE MUERTE

Al timón el Petiso y detrás, Fúser. El conductor enciende el motor, acelera dos o tres veces y, seguro de que todo está bien, La Poderosa II sale rauda con sus felices pasajeros. Atrás quedan los familiares y amigos que gritan palabras de despedida. Vencidos los primeros metros desde Roma 535 y muy cerca de la esquina donde deben doblar, Ernesto se vira para responder a las muestras de cariño de la despedida, pero lo hace tan bruscamente que Alberto pierde el control en el mismo instante en que un tranvía, en dirección contraria, hace el giro para entrar en esa propia calle, bloqueando la vía. El choque es inminente, gritos de espanto de los congregados se escuchan a sus espaldas, Mial abre los ojos desmesuradamente, el tranvía crece por instantes a su vista, pero más por reflejo que por deducción, gira el timón y acelera, lo que evita que se estrellen contra el duro transporte. Fúser se agarra fuertemente para no caer y le grita que se detenga, pero él no hace caso. Por fin, cuando están bastante lejos de la casa y fuera de su vista, detiene la marcha.

"—¡Mial de mierda (...) me he tenido que agarrar como un pulpo para que no me dejaras tirado en la calle!" [57] El nerviosismo de Alberto hace que le diera por reírse escandalosamente. Cuando deja de reír, le responde:

"—Mira, Pelao, si después de ese percance al salir me detengo cerca de mi casa, las súplicas y advertencias nos hubieran soldado como con cemento a nuestros lares maternos. Por eso no paré hasta estar bien lejos." [58]

Ajustan bien la carga y de nuevo echan a andar. El exceso de peso no les permite una velocidad mayor, situación que empieza a preocuparlos. A buena distancia de Ballesteros, un bache hace que caigan al suelo, pero solo sufre daño el acumulador; no tendrán luz y sin ella no deben continuar. Pasan la noche en el portal de un rancho en las afueras del poblado. Matean y se introducen en sus bolsas de dormir. Temprano, el 30 de diciembre viajan a Rosario.

Horas más tarde entran a Buenos Aires, ante las miradas curiosas de quienes los ven pasar. Frente al 2108 de Araoz, detienen La Poderosa II. El ruido de la moto hace que la familia de Ernesto se asome al balcón. En la noche, rodeados de los motivos navideños, de la parentela y otros invitados, disfrutan de la cena de fin de año: pavo trufado, ensalada de lechuga, tomate, y un crelicat (ensalada de frutas con vino), pan con mantequilla, vino, sidra y tradicionales dulces. Pasan una alegre noche, aunque no faltan algunas burlas en relación con el cacareado viaje, las que llegan a los oídos de los raidistas, quienes se ríen de sus críticos. "Solo la mamá de Fúser no dijo nada negativo, y se limitó a decirme: 'A vos, Alberto, que sos el mayor, te lo digo: trata de que Ernesto vuelva a recibirse de médico. Un título nunca estorba'." [59]

57 Alberto Granado: *Con el Che por Sudamérica*. Editorial Letras Cubanas, La Habana, 1968, p. 18.

58 Ibídem, p. 19.

59 Entrevista del autor.

REINICIAN EL RECORRIDO POR AMÉRICA

Pasado el fin de año se dedican a buscar las visas y cartas de presentación para personas de los países a visitar, precisar detalles del *raid*, arreglar el acumulador, así como procurarse alguna que otra contribución económica. Por fin, el sábado 4 de enero de 1952 continúan su ansiado viaje y, lejos de disminuir la carga, se ha aumentado con los matules de Ernesto. El ruido del motor invade la cuadra y tras los últimos besos y abrazos de los padres y hermanos, La Poderosa II echa a andar por Araoz hasta Albear, desembocando en la avenida General Paz, para salir a la carretera de Mar del Plata. Las calles y vidrieras comerciales están atestadas de juguetes y adornadas en espera de la llegada de los "reyes magos", grandes muñecos con barbas blancas reproducen al "papá" Noel sajón, mientras otros imitan a los Melchor, Gaspar y Baltazar árabes.

La Poderosa II se desliza por la vía que los conduce a Mar del Plata. Al poco rato la lluvia los obliga a guarecerse, mojados de pies a cabeza. Pasado el temporal continúan, pero el agua ha convertido en un fanguizal el tramo del camino de tierra hasta el pavimento, lo que provoca un patinazo que los riega por el lodo. Enfangados se incorporan, Mial con un ligero rasguño en la nariz, Fúser ileso y la máquina con el farol delantero roto. Esto los hace meditar acerca de los riesgos a que se enfrentarán en caminos similares. Acuerdan no seguir y en la primera garita de policía, previa identificación y con el pretexto del farol roto —pretexto que le será muy útil para obtener albergue a lo largo del recorrido—, solicitan pasar la noche.

NATACIÓN

Llegan a Miramar el 7 de enero, donde se encuentran su novia Chichina y su hermana Ana María. Los raidistas pernoctan en la carpa que llevan. Pasan unos días de maravilla, metidos en el agua desde por la mañana, donde practicaron la natación a sus anchas. La estancia en la playa, que no debió pasar de un par de días, se prolonga.

El 16 de enero se encuentran en Bahía Blanca, donde fueron acogidos por los tíos de Ernesto, pasando unos agradables días, pero, "...En víspera de la partida me dio una gripe con bastante fiebre, lo que provocó un día de retardo en nuestra salida de Bahía Blanca..." [60]

Continúan viaje. Los experimentados baquianos les habían sugerido hacerlo por la madrugada, pues a esa hora las arenas de los médanos no las levanta el viento debido al rocío, lo que además hace más fresco el trayecto. Pero ellos por impacientes salen a la hora acordada, en la cual los caminos arenosos, de tanto calor hacen hervir el viento, que cargado de arena caliente es sofocante, a la vez que les provoca varias caídas.

A pesar de los accidentes llegan a los médanos. Aquí Fúser toma el timón. Es la primera vez que lo hace, aunque ellos habían acordado que él condujera en las zonas no pobladas, por carecer de licencia internacional. El nuevo piloto mantiene una buena marcha hasta que de pronto, al entrar en un arenal, pierde el control y se produce una aparatosa caída. Según anotó Ernesto: "...es el topetazo más fuerte que nos diéramos en toda la duración del *raid*, Alberto salió ileso pero a mí el cilindro me aprisionó un pie chamuscándolo algo, y dejando su desagradable recuerdo durante mucho tiempo, ya que no cicatrizaba la herida.

"Sobre nosotros se descolgó un fuerte chaparrón que nos obligó a buscar refugio en una estancia, pero para ello debimos andar trescientos metros en un camino barroso que nos envió dos veces más al suelo..." [61]

A la hora de partir en la siguiente mañana, Ernesto enferma con escalofrío, temblores y vómitos. Ya de noche y un poco mejorado, continuaron hasta Chole–cho–el, donde logran albergue en el hospital. En la mañana del 27 de enero, repuesto el enfermo, reinician la marcha. Al mediodía pasan por Chellforé o Quenquén y siguen

60 Ernesto Che Guevara: *Notas de Viaje*. Ediciones Abril SODEPAZ. La Habana-Madrid, 1992, p. 23.

61 Ibídem, p. 24.

para Cipolleti, sufren varios ponches en todo el camino. Pernoctan en un calabozo de la comisaría y al otro día parten por un terraplén entre cerros pelados y de muchos kilómetros desérticos. El fuerte aire sur los castiga.

En Bajada Colorada piden ayuda al Automóvil Club Argentino, sin resultado, por lo que salen hablando improperios de la institución y sus funcionarios. Al amanecer del día 29, y sin el descanso necesario, amarran el cuadro con un alambre y reinician la marcha hasta Piedra de Águila, donde sueldan la rotura. Duermen en el foso de engrase del taller, no muy cómodo, pero están bajo techo.

El 30 de enero cruzan en una balsa el río Colón Cura. Fúser anota que mientras él conducía se salen del camino, a causa de un nuevo ponche, y en carta a su mamá le cuenta: "...en medio de mil dificultades que salvamos con nuestra acostumbrada pericia, llegamos a San Martín de los Andes, en un lugar precioso, en medio de bosques vírgenes con un lago lindísimo; en fin, hay que verlo porque vale la pena. Nuestras caras están adquiriendo la consistencia del carburundun, ya pedimos alojamiento, comida y lo que raye en cualquier casa con árboles que veamos a la orilla del camino".[62] Son recibidos en una estancia de un alemán amigo de su tío Jorge.

PESQUERÍA

Mial refiere que recorren el extenso latifundio con un peón y pescan varias truchas; con ellas Fúser hace un asado, junto con un costillar. Después de arreglar el pedal y otros desperfectos, siguen viaje a San Martín. Duermen en un galpón de la dependencia del parque nacional, que un sereno, el gordo Pedro, les facilita.

62 Ernesto Guevara Lynch: *Mi hijo el Che*. Ed. cit., p. 281.

PINCHE DE COCINA PARA CORREDORES DE AUTOS

Al anochecer regresan. Al rato el gordo se aparece con carne y dos botellas de vino y les ofrece trabajo como pinches de cocina para un asado que el Automóvil Club Argentino dará a unos corredores de autos.

"Mandaba la batuta un personaje rarísimo a quien yo daba con todo respeto el título de señora cada vez que le dirigía la palabra, hasta que uno de los comensales me dijo:

"Che, pibe, no cargues tan fuerte a don Pendón que se puede cabriar.

"¿Quién es don Pendón? dije haciendo con los dedos ese interrogante del que dicen que es de mala educación. La respuesta: don Pendón era la señora, me dejó frío, pero por poco tiempo..." [63]

Mial aclara que este personaje era hermafrodita hombre, con voz, cabello, busto y forma de caminar femenina.

LOS PILLOS RESULTAN PILLADOS

Ernesto anotó que en medio de la fiesta se hizo el borracho y cada cierto tiempo se dirigía al arroyo, pero con una botella de vino oculta debajo de su campera y la escondía bajo la fronda de un mimbre, pero al terminar la fiesta, cuando las fueron a buscar, no estaban: alguien se había dado cuenta de la jugada y les dio alante.

CARRERA AUTOMOVILÍSTICA Y MILONGAS

Al otro día, a pesar de haber llovido, se realizó la gran carrera automovilística. Por su condición de "asadores" observan el espectáculo gratis. Al regreso, Mial se encuentra un yipi con un amigo que

63 Ernesto Che Guevara: Ob. cit., pp. 29-30.

trabaja en una compañía constructora de esa región, al que él había mandado saludos, con el que toman varios tragos y acuerdan ir para Junín de los Andes. "La primera noche fue dedicada a las remembranzas del lejano pasado de Villa Concepción, matizado con botellas de tinto en profusión inacabable."[64]

Al siguiente día, en el campamento, le hacen una soldadura eléctrica al cuadro de la moto y esa noche disfrutan de otro convite, regado con bastante vino. También improvisan una serenata a la esposa de uno de ellos. La sorprendida, muy complacida los invita a pasar y la alegría es compartida hasta el amanecer.

Al levantarse, otra sorpresa: "...la despedida de la Argentina que nos hicieron fue magnífica: un asado de vaca y cordero, con una riquísima ensalada y unos bollitos con grasa, de rechupete"[65] —recuerda Ernesto—. En la siguiente mañana abandonan el lugar y por un camino malísimo y arenoso llegan al Currué Chico, y después, al Currué Grande.

IMPROVISADA CACERÍA Y ALPINISMO PELIGROSO

"Dejamos nuestra moto en la casilla del guardabosque, que estaba ausente y nos encaminamos a escalar un cerro que está enfrente mismo del lago. Pero se avecinaba la hora de comer y solo había en nuestras alforjas un pedazo de queso y alguna conserva. Un pato pasó volando sobre el lago; Alberto calculó la ausencia del guardabosque, la distancia a la que se hallaba el ave, las posibilidades de multa, etc., y tiró al vuelo; tocado por un golpe de la buena suerte (no para él), el pato cayó en las aguas del lago. Enseguida se planteó la discusión sobre quién habría de buscarlo. Perdí y me lancé al agua. Parecía que unos dedos de hielo me agarraban por todo el cuerpo, hasta impedirme casi el movimiento. Con la alergia al frío que me caracterizaba, esos veinte metros de ida y otros tantos

64 Entrevista del autor.
65 Ernesto Che Guevara: Ob. cit., p. 31.

de vuelta que nadé para cobrar la pieza que Alberto derribara, me hicieron sufrir como un beduino. Menos mal que el pato asado con el habitual condimento de nuestra hambre, es un manjar exquisito."[66]

Lo que apunta Alberto de ese día es lo siguiente: "...A medida que ascendíamos, la pendiente se hacía más escarpada y el arroyo iba formando caídas de agua cada vez de mayor tamaño. Llegamos a una cascada bastante grande que nos obligó a dejar el curso del arroyo e internarnos en un espeso cañaveral, sombreado por enormes árboles. Luego de 4 horas de penosa ascensión, llegamos a la parte boscosa del cerro y nos desviamos hacia un peñón que se yergue aparentemente inexpugnable. Subimos casi a gatas, agarrándonos de los peñascos y aprovechando cualquier accidente del terreno..."[67]

Por su parte, Ernesto narra: "...subíamos por la parte rocosa. Allí quedé encajado al caer una piedra que me cerró el paso y no podía ir para arriba y tampoco para abajo. Al ver la caída de treinta metros que tenía abajo y la imposibilidad de subir, me di cuenta de que tenía un miedo bárbaro. Quedé media hora achatado contra las piedras, dándome valor mentalmente; al fin, sin mirar abajo, empecé a subir con una lentitud atroz, hasta hacer pie en la roca firme. Alberto me esperaba anhelante."[68]

Granado también hace mención del peligro de su amigo.[69] Sin embargo, en *Notas de viaje* se refiere al hecho, pero nada dice del peligro pasado, solo se queja de la molesta compañía de los tábanos y agrega: "...La ascensión fue penosa debido a la falta de equipo adecuado y de experiencia de nuestra parte, pero luego de fatigosas horas llegamos a la cima del cerro, de donde, para nuestro desencanto, no se admiraba ningún panorama; los cerros vecinos tapaban todo(...).

66 Ibídem, p. 32.
67 Alberto Granado: Ob. cit., p. 37.
68 Ernesto Guevara Lynch: *Mi hijo el Che*. Ed. cit., p. 284.
69 Véase Alberto Granado: Ob. cit., pp. 37-38.

"Después de algunos instantes de chacota en las manchas de nieve que coronaban la cima nos dimos a la tarea de bajar, apremiados por la noche que se venía encima.

"La primera parte fue fácil, pero luego el arroyo por cuya garganta descendíamos empezó a convertirse en un torrente de paredes lisas y piedras resbaladizas que hacían difícil el caminar sobre ellas. Debimos meternos entre los mimbres de la ladera y llegar finalmente a la zona de caña, intrincada y traicionera. La noche oscura nos traía mil ruidos inquietantes y una extraña sensación de vacío a cada paso que dábamos en la oscuridad. Alberto perdió las antiparras y mis pantalones 'buzo' estaban convertidos en harapos. Llegamos, al final, de la zona de los árboles y allí cada paso había que darlo con infinitas precauciones, ya que la negrura era enorme y nuestro sexto sentido se había sensibilizado tanto que percibía un abismo cada medio segundo." [70]

Este mismo hecho es reproducido por el padre en su libro, tomado según él del diario de Ernesto de la siguiente manera: "A las diez (de la noche), desesperados nos tirábamos para abajo sin ver nada, cuando se le cayeron las antiparras a Alberto. Un pálido reflejo se vio por un momento rebotando entre las ramas. El Petiso se lanzó decidido tras ellas y de pronto oí un grito. Había perdido pie y quedó agarrado de unas cañas. Después me contaba que al sentir sus pies en el vacío y sentir cómo la primera caña a la que se agarró cedía bajo su peso, se sintió difunto. Salió trabajosamente de su situación y suspirando, pero sin antiparras." [71]

Veamos ahora cómo describe Granado ese momento: "...Nos quedaba en la emergencia optar entre volver atrás, cosa por demás suicida, o tratar de ascender por la ladera con la ayuda de las ramas de los coligües, hasta volver a encontrar un nuevo sendero. Fúser abrió la marcha.

"A los pocos metros de altura encontró un caminito muy estrecho que más abajo se internaba en el bosque de la ladera. Acto seguido

70 Ernesto Che Guevara: Ob. cit., pp. 32-33.
71 Ernesto Guevara Lynch: *Mi hijo el Che*. Ed. cit., p. 284.

comencé yo la ascensión. Cuando estaba próximo al borde, sentí que se desprendía el pedrusco en que se apoyaba la punta de mi bota. En un esfuerzo desesperado me aferré a unos arbustos que crecen en las grietas; angustiado, veía cómo sus débiles raíces se iban desprendiendo con el peso de mi cuerpo. Afortunadamente mis pies encontraron una grieta y metiendo mis dedos en otra me sostuve unos instantes para tomar resuello. En ese momento Fúser, que al verme casi llegar al sendero había seguido el descenso, se volvió al presentir algo extraño en mi tardanza y desde arriba me dio una mano..."[72]

Sigamos con el descenso de los "alpinistas" descrito por Ernesto: "Después de horas eternas asentando nuestras plantas en una tierra barrosa que reconocimos como perteneciente al arroyo que desagua al Carrué, casi inmediatamente desaparecieron los árboles y llegamos al llano. La enorme figura de un ciervo cruzó como exhalación el arroyo y su figura plateada por la luna saliente se perdió en la espesura. Un palpetazo de 'naturaleza' nos dio en el pecho: Caminábamos despacio temerosos de interrumpir la paz del santuario de lo agreste en que comulgábamos ahora.

"Vadeamos el hilo de agua cuyo contacto nos dejó en las pantorrillas las huellas de esos dedos de hielo que tanto me desagradan y llegamos al amparo de la cabaña del guardabosque cuya cálida hospitalidad nos brindó unos mates calientes y unos pellones en donde acostamos hasta la mañana siguiente. Eran las 12:35 a.m."[73]

ALARDE DE PUNTERÍA

En la mañana siguiente, bordeando el lago Lolog, reaparecen en San Martín de los Andes, donde recogen sus matules y les abonan 10 pesos a cada uno por su trabajo de pinche de cocina y siguen el *raid*, ahora de montaña, serpenteante, con bruscas subidas y baja-

72 Alberto Granado: Ob. cit., pp. 38-39
73 Ernesto Che Guevara: Ob. cit., p.39.

das y preciosos paisajes, en combinación con montañas nevadas, de bosques de hermosa vegetación y el encanto de los lagos Villariño, Hermoso, Tormentoso y Espejo Grande. Acampan a la orilla de este último, debajo de un florecido arrayán. Carne en conserva, pan duro y mate es la comida. Un nuevo peligro, Mial narra: "De pronto apareció un caminante. Se nos acercó y saludó. Lo invitamos a que se sentara para tomar mate con nosotros. Aceptó y comenzó una larga conversación que a veces era diálogo y otras sólo un monólogo. Comenzó haciendo elogios de la moto, preguntando su precio, la capacidad de cilindraje, etcétera. Luego su atención se centró sobre los bolsos de cuero del equipaje y más tarde sobre la calidad de nuestras camperas.

"(...), yo le contestaba con mesura, Fúser no abría la boca, se limitaba a cebar mate. Al poco rato el visitante comenzó a hablar de un ladrón chileno que merodeaba por la zona. Nos advirtió de la peligrosidad de dormir al aire libre estando por ahí ese delincuente, que podría dejarnos sin moto, sin ropa y sin dinero. Yo le contestaba acorde a las circunstancias. Fúser, mudo como una esfinge, cebaba mate y observaba un par de patos que nadaban casi pegados a la orilla, cortejándose. El fulano seguía con su cantaleta del ladrón chileno y procuraba sacarle conversación al Pelao. De pronto, en un instante de silencio, Ernesto sacó de la caña de la bota el Smith Wesson que cargaba y casi sin apuntar disparó sobre uno de los patos, que dió un graznido y quedó flotando de costado. Sorprendido por el disparo, el inoportuno visitante se paró de un salto y dejando el mate que estaba sorbiendo se despidió apresuradamente y retomó su camino, seguido de las carcajadas estruendosas de Fúser."[74]

Al otro día, después de un largo y terrible camino de once horas y tras sufrir varios ponches, se detienen al lado del maravilloso lago Nahuel Huapi. Los soñadores contemplan el paisaje que, a decir de Mial, los deslumbra. Bien temprano, al otro día están rodando, deseosos por llegar a Bariloche, pero este deseo se frustra por

74 Alberto Granado: Ob. cit., p. 40.

distintas fallas de La Poderosa II. Empujando la moto llegan a una ranchería.

UN BUEN TIRO, PERO EQUIVOCADO

Resueltos los deperfectos se echan a rodar de nuevo, pero, su triunfalismo dura poco: en una empinada loma la cadena de tracción se sale. De nuevo a mecaniquear, pero no dan pie con bola, hasta que aparece un gauchito, quien les indica una estancia a menos de 1 *km*. Allí les prometen ayuda. Regresan y de nuevo a empujar la noble Poderosa II —que parece ha comenzado a dejar de hacer honor a su nombre—. El esfuerzo para vencer la cuesta es enorme. En el pajar comienzan a remendar la cadena. Otro peligro sale a flote. Fúser anotó: "...Un casero austríaco que había sido corredor de motos en su juventud, luchando entre sus deseos de ayudar a colegas en desgracia y su miedo a la patrona, nos dio albergue en un galpón abandonado. En su media lengua, nos contó que por la región había un tigre chileno.

"—¡Y los tigres chilenos son bravos! Atacan al hombre sin ningún miedo y tienen una enorme melena rubia.

"Cuando fuimos a cerrar la puerta nos encontramos que sólo la parte inferior cerraba, era como un *box* de caballos. El revólver fue puesto a mi cabecera por si el león chileno, cuya sombra ocupaba nuestros cerebros, decidía hacernos una intempestiva visita de medianoche.

"Estaba clareando ya cuando me despertó el ruido de unas garras que arañaban la puerta. Alberto a mi lado era todo silencio aprensivo. Yo tenía la mano crispada sobre el revólver gatillado, mientras dos ojos fosforecentes me miraban, recortados en las sombras de los árboles. Como impulsados por un resorte felino se lanzaron adelante, mientras el bulto negro del cuerpo se escurría sobre la puerta. Fue algo instintivo, donde rotos los frenos de la inteligencia, el instinto de conservación apretó el gatillo; el trueno golpeó un momento contra las paredes y encontró al agujero..."

"—Jodiste al puma, Pelao —exclamó Alberto.

"El austríaco venía gritando con la linterna encendida, llamándonos desesperadamente, pero nuestro silencio tímido sabía su razón de ser, y adivinaba ya los gritos estentóreos del casero y los histéricos gemidos de su mujer echada sobre el cadáver de Boby, perro antipático y gruñón." [75]

Ante esta situación y la gritería de la dueña del can, apresurados recogen sus cosas y como la moto no arranca se lanzan loma abajo, seguidos por los insultos de la dueña del perro muerto. Arreglada la moto, los raidistas siguen hasta Bariloche. Allí, al parecer Ernesto recibió una carta de su novia Chichina en la que dio por terminado su compromiso amoroso.

75 Ernesto Che Guevara: Ob. cit., pp. 34-35.

V. CHILE 1952

Los raidistas cruzan a este país desde Lago Esmeralda o de Todos los Santos, el 15 de febrero y el 17, luego de otra avería, se encuentran en Valdivia donde les hacen una entrevista para el diario *Correo de Valdivia*.

"DOS ESFORZADOS RAIDISTAS ARGENTINOS EN MOTOCICLETA DE PASO POR VALDIVIA.

"Uno es médico y el otro estudia medicina: se especializan en lepra.

"Se encuentran de paso en nuestra ciudad dos raidistas argentinos, realizando un viaje de gran esfuerzo por los principales países de la América del Sur. Se trata del doctor en bioquímica, señor Alberto Granado y el estudiante del séptimo año de medicina, señor Ernesto Guevara Serna, que efectúan un *raid* en motocicleta..." [76]

La entrevista continúa con ciertas inexactitudes y exageración en cuanto a los leprosorios visitados y el nivel profesional de los entrevistados. Nos dijo Granado que ellos pusieron algunas mentirillas, pero no tantas, aclara que al periodista se le fue la mano para darle más valor a su trabajo. No obstante, a pesar de la propaganda no encuentran quien les brinde ayuda y enfadados, siguen camino, aunque más adelante encontrarán ayuda en una hacienda.

El 18 de febrero, a pesar del ponche y el agua, llegan a Temuco sobre una camioneta. Allí le harán otro reportaje para el *Diario*

76 Oficina de Asuntos Históricos del Consejo de Estado.

Austral —el cuarto que le hacen a Ernesto—, y saldrá el próximo día con la foto de ambos, enfundados en sus chaquetas de cuero, bien peinados, con incipientes bigotes y expresión de satisfacción.

"DOS EXPERTOS ARGENTINOS EN LEPROLOGÍA RECORREN SUDAMÉRICA EN MOTOCICLETA.

"Están en Temuco y desean visitar Rapa-Nui." '

Tal como la anterior entrevista hay desmesura en cuanto al nivel científico de ambos, más otras boberías que agregó el periodista. Sin embargo, el reportaje les fue muy útil según anotó Ernesto: "Habíamos pedido permiso para dejar la moto en el garaje de un señor que vivía en las afueras y allí nos dirigíamos, encontrándonos con que ya no éramos un par de vagos, más o menos simpáticos, con una moto a la rastra, no; éramos LOS EXPERTOS, y como a tales se nos trataba. A las cinco, luego de un opíparo 'once', con que nos invitara el dueño de la casa, nos despedimos de Temuco, saliendo con rumbo norte."[77]

NUEVOS PELIGROS

El *raid* continúa con similares problemas, pero se les ha de presentar un peligro en el camino. El 22 de febrero "la moto pegó un concorvo de costado" y salen disparados sobre ella hacia adelante. Lo que pudo ser una caída fatal, no fue más que un gran susto. Ambos se incorporan y se miran extrañados: ¿Qué pasó? Sin perder un instante, Fúser corre a cerrar el paso del combustible para evitar un incendio. La horquilla del tren delantero está desprendida y la caja de velocidad hecha pedazos. Sin embargo, un campesino les ofrece comida y más tarde un camionero los llevó hasta Lautaro. El arreglo fue caro, pero el mecánico los invita a cenar.

77 Ernesto Che Guevara: Ob. cit., p. 40.

UNA MILONGA PELIGROSA

Esa noche, con "unos ocasionales amigos" tomaron unos tragos y fueron a bailar, pero la fiesta terminó en una bronca de los dos gauchos con otros parroquianos, producto de un marido celoso, que de no ser por las buenas piernas de los primeros, hubiesen terminado cuando menos hospitalizados, y que según Ernesto "...corríamos hacia el pueblo, perseguidos por un enjambre de bailarines enfurecidos..." [78]

LOS PELIGROS CONTINÚAN

Al reiniciar la marcha el 24 de febrero, conduciendo Fúser "...al frenar en una curva algo cerrada, yendo a bastante velocidad, saltó la mariposa del freno trasero; apareció en la curva la cabeza de una vaca y luego un montón más; me prendí del freno de mano y éste, soldado 'a la que te criaste', se rompió también; por unos momentos no vi nada más que formaciones semejantes a vacunos que pasaban velozmente por todos lados, mientras la pobre Poderosa aumentaba su velocidad impulsada por la fuerte pendiente. La pata de la última vaca fue todo lo que tocamos —por un verdadero milagro— y de pronto apareció a lo lejos un río que parecía atraernos con una eficacia aterradora. Largué la moto contra el costado del camino y subió los dos metros de desnivel en un santiamén, quedando incrustada entre dos piedras y nosotros ilesos." [79]

Luego del nuevo susto, encontraron ayuda en una granja propiedad de unos alemanes. Dedican todo el tiempo a reparar el freno y otros detalles, pues llegaron con la moto a remolque. También son invitados a comer. "...A la noche me dio un cólico que no sabía como parar; tenía vergüenza de dejar un recuerdo en la taza de noche de

78 Ibídem, p. 42.
79 Ibídem, p. 43.

modo que me asomé a la ventana y entregué al espacio y la negrura todo mi dolor... A la mañana siguiente me asomé para ver el efecto y me encontré con que dos metros abajo había una gran plancha de zinc donde se secaban los duraznos al sol: el espectáculo agregado era impresionante. Volamos de allí." [80] Anota Fúser.

Al otro día en la larga subida de El Malleco, donde existe el puente ferrocarrilero más alto de Sudamérica —a decir de los chilenos—, sobre el río del mismo nombre, las fuerzas no acompañan a la moto y en medio de la loma se rompió. En camión llegan a Culli Pulli. Reparada de nuevo, siguen, pero: "En la primera cuesta brava(...) quedó La Poderosa, definitivamente anclada..." [81] Otro camión los lleva a Los Ángeles.

LOS RAIDISTAS SE CONVIERTEN EN BOMBEROS OCASIONALES

Cuando dormían en el cuartel de bomberos la noche del 28 de febrero, son despertados por fuertes campanazos, anuncio de un incendio. Por supuesto los raidistas se incorporaron como voluntarios de apaga fuegos, función que realizaron sin mayores tropiezos.

MOZO DE MUDANZAS

Luego que le dieran unos gallardetes como recuerdo por su acción, al otro día siguen viaje en un camión debido a que se les ha presentado un trabajo como mozos de mudanzas, les pagan, pero deben abonar por transportar la moto.

80 Ibídem.
81 Ibídem, p. 44.

SANTIAGO DE CHILE

El 1ro de marzo de 1952 están en dicha ciudad, que ambos encuentran muy parecida a Córdoba. Finalizado el trabajo de la mudada, en un taller de un paisano dejaron la moto.

ACTIVIDAD DEPORTIVA

El 2 recorren la capital. Enterados de la existencia en la ciudad de un equipo de *water polo* del club Suquía cordobés, lo visitan; para su sorpresa el entrenador y el arquero son conocidos de ambos. Poco después presencian el partido. El 3 de marzo, suben al cerro Santa Lucía, en el centro de la ciudad.

DE RAIDISTAS EN MOTO A CAMINANTES

Necesariamente tienen que dejar La Poderosa II, luego de su gran servicio y sufrir más de 15 averías. Fúser anotó: "Al fin llegó el gran día en que dos lágrimas surcaron simbólicamente las mejillas de Alberto y, dando el postrer adiós a La Poderosa que quedaba en depósito, emprendíamos el viaje hacia Valparaíso...

"Esta era una nueva parte de la aventura; estábamos acostumbrados a llamar la atención de los ociosos con nuestros originales atuendos y la prosaica figura de La Poderosa II cuyo asmático resoplido llenaba de compasión a nuestros huéspedes (anfitriones), pero, hasta cierto punto, éramos los caballeros del camino. Pertenecíamos a la rancia aristocracia 'vagueril' y traíamos la tarjeta de presentación de nuestros títulos que impresionaban inmejorablemente. Ahora no, ya no éramos más que dos linyeras con el 'mono' a cuestas y con toda la mugre del camino condensada en los mamelucos, resabio de nuestra aristocrática condición pasada"...[82]

82 Ibídem, pp. 47-48.

Finalizado el *raid* en moto, se da por terminada esa actividad deportiva, sin embargo, seguiremos la narración, pues en lo que falta del recorrido, de no estar unido al espíritu aventurero el de deportista, de seguro no lo habrían continuado. Además, se le presentarán frecuentes oportunidades de demostrar sus cualidades de amante del deporte.

Para el escaso equipaje que conservan, confeccionan sendas mochilas con sus mantas. Desde el primer intento de seguir viaje se percatan de que su paciencia debe aumentar, pues pasaron numerosos vehículos y ninguno los recogió. Después de más de cuatro horas, un camionero carga con ellos hasta Valparaíso.

En dicha ciudad duermen en una caseta de un parqueo llena de ratas y cucarachas, colindante a una fonducha con el flamante nombre de La Gioconda, donde un gaucho que come y toma vino acude en su busca para invitarlos a compartir con él.

Temprano, el 5 de marzo, después de matear salen con el fin de ver cómo reinician la marcha y conocen la ciudad. En el puerto se interesan por algún barco que vaya a la isla de Pascua, lugar que querían conocer, pero le informan que hasta dentro de seis meses no saldrá ninguno. Al conocer la situación de los andarines, el dueño de la fonda les brinda almuerzo y les dice que allí pueden comer hasta que logren continuar viaje.

Mientras Mial prosigue las gestiones de trasladarse a la Isla de Pascua, Fúser, a petición del fondero, atiende a una anciana asmática que se encontraba grave. Poco pudo hacer, pero aquella sufrida imagen le llegó muy adentro; según lo escrito en su diario, Ernesto se percata claramente de la injusticia social, pero confiesa que "es algo que no está en mí contestar...", a la par que aboga, ingenuamente, porque los "gobernantes dediquen menos tiempo a la propaganda de sus bondades como régimen y den más dinero, muchísimo más dinero, a solventar obras de utilidad social".[83]

83 Ibídem, p. 50.

Estas palabras son reveladoras de su latente sensibilidad humana.

POLIZONTES

Al ser fallidas todas las gestiones para el viaje a la isla de Pascua deciden continuar la marcha, lo que harán como polizontes, puestos previamente de acuerdo con el capitán de un barco. Pero penetrar en el San Antonio no les fue nada fácil, lo que logran luego de una larga y muy fría madrugada el 8 de marzo. Una vez adentro se ocultan en uno de los servicios sanitarios, que despedía una peste insoportable, tal como el calor.

Ernesto anota: "...Cerca de la una, Alberto había vomitado todo lo que tenía en el estómago y a las cinco de la tarde, muertos de hambre y sin costa a la vista, nos presentamos ante el capitán para exponer nuestra situación de polizontes..." [84]

Luego de hacerse que no los conocía, y de finalizada su catilinaria, el capitán llama al mayordomo y con la misma seriedad y voz fuerte expresa: "Este par de caballeros quedan bajo sus órdenes, ya que están acá, no puedo botarlos al agua. Deles bastante pega y que se acomoden donde puedan." [85] Y también ordena que les den algo de comida.

En la mañana del día 11 desembarcan en Antofagasta. Al no poder conseguir otro barco que los llevara, deben continuar a "dedo" y una camioneta los deja en Baquedano y como de costumbre recorren el pueblo, a la vez que buscan otro carro que los remolque, pero sin lograrlo.

En este deambular conocen a una pareja que vivía en la peor de las miserias, nueva experiencia que marcará profundamente a los gauchos, por lo que vieron y estos les narraron. De ellos anotó Ernesto: "El matrimonio aterido, en la noche del desierto, acurruca-

84 Ibídem, p. 53.
85 Alberto Granado: Ob. cit., p. 74.

dos uno contra el otro, era una viva representación del proletariado de cualquier lado del mundo. No tenían una mísera manta con qué taparse, de modo que les dimos una de las nuestras y en la otra nos arropamos como pudimos Alberto y yo. *Fue ésa una de las veces en que he pasado más frío, pero también en la que me sentí un poco más hermanado con ésta, para mí extraña especie humana...*"[86]

Nuevamente se manifiesta la sensibilidad humana del joven deportista, esta vez con un incipiente sentido social.

En el trayecto hacia Chuquicamata pasan por Calama y a lo lejos observan el volcán San Pedro, con su cima nevada. También la inmensa mina a cielo abierto y lo que vieron en ella los impresionó grandemente, a tal extremo que Ernesto escribe una larga descripción, con igual tono que el del encuentro con el matrimonio anterior.

El 15 de marzo visitan la nueva planta para procesar el sulfuro de cobre: enormes hornos y la chimenea de 96 metros, la más alta de Sudamérica. Por supuesto, los visitantes no se conforman con verla y suben a ella, por su elevador.

FONDISTAS

Continúan viaje hacia Iquique. Caminarán todo el día bajo un fuerte sol, con poca agua y un bocado que compartió con ellos un sereno. El 16 llegan a la localidad de Llave en una camioneta. Luego tendrán que caminar un largo tramo, hasta que un auto les da "botella" y los adelanta, no sin antes pasar un buen susto por la borrachera del chofer.

CONTRATADOS COMO FUTBOLISTAS

Pero todo no serán penurias, pues en la tarde del 17 de marzo se encontrarán con una agradable sorpresa: en un terreno de la sali-

86 Ernesto Guevara: Ob. cit., p. 56. (El subrayado es de W. Gálvez.)

trera de Toco, obreros de construcción de carreteras juegan fútbol, y de inmediato se incorporan a patear la pelota. Desde el 2 de febrero que presenciaron un partido de *water polo* en la capital chilena no habían tenido otra actividad deportiva. Según Ernesto, los trabajadores se preparaban para enfrentarse a otro equipo. "El resultado fue espectacular: contratados para el partido del domingo siguiente; sueldo, casa, comida y transporte hasta Iquique..." [87] Por la narración de Mial, terminada la práctica van a su campamento, donde comen y duermen. Son diez personas en la habitación y deben de acostarse temprano, porque sus anfitriones laboran desde las dos de la madrugada hasta las diez de la mañana, obligados a dicho horario por el bravo sol. El descanso fue precedido por una emulación sui géneris y nada deportiva, pero no olvidemos que son "cosas" de jóvenes: descargar los gases intestinales con el mayor tronar posible y la más larga duración de tiempo. "Pese a nuestra fama, quedamos ignominiosamente relegados al último puesto," [88] anotó Alberto.

Mientras esperaban para efectuar el partido, se dedicaron a recorrer las plantas salitreras de Rica Aventura y Prosperidad, así como a entrenarse para el juego. En las notas de Ernesto, dice: "Pasaron dos días hasta que llegó el domingo jalonado por una espléndida victoria de la cuadrilla en que jugábamos los dos y unos chivos asados que Alberto preparó de modo de maravillar a la concurrencia con el arte culinario argentino..." [89]

NATACIÓN Y ASMA

El día 19 abandonarán la región minera remolcados por varios camioneros hasta que entran a Iquique. Con el deleite del paisaje,

87 Ibídem, p. 61.
88 Alberto Granado: Ob. cit., p. 89.
89 Ernesto Che Guevara: Ob. cit., p. 61

aunque con mucha hambre y molidos por el largo andar, llegan el 21 de marzo a Arica. Antes de despedirse de Chile, según Granado, Ernesto, luego de un buen rato de nadar en la playa sufrió otro ataque de asma, que no se le había repetido desde Valparaíso. Entrarán a Perú por el puesto aduanero de Chacalluta, en las márgenes del río Lluta. Será este lugar el fin de su recorrido por Chile.

VI. PERÚ, EL IMPERIO DE LOS INCAS. FONDISTAS

El 24 de marzo los gauchos pasan las barreras aduaneras y se encaminan a la comisaría, donde pasan la noche. Sin mayor preocupación van a conocer la ciudad. Al otro día viajan a Tarata a pie, pues no aparece nada que los remolque; este será uno de los caminos más difíciles por el elevado y frío trayecto, sin nada que comer, en una oscura noche.

BALONCESTO

Al amanecer topan con una pequeña granja donde les brindan ayuda. Horas después, un camión les da un aventón. Se acomodan entre los pasajeros indios de origen aymará. A pesar de que estos miran con extrañeza a los gauchos, al poco rato Granado conversa con ellos. Conocen por ellos y lo aprecian personalmente, la discriminación y abusos de que son víctimas. Pasan por Estaque camino a Tarata, donde disfrutan de un buen rato al participar en un juego de baloncesto con un grupo de reclutas, a 2 500 metros sobre el nivel del mar.

En su andar llegan a Puno, antes han bordeado el hermoso lago Titicaca, situado en una de las mayores alturas del mundo. Al otro día van a recorrerlo.

UNA INVITACIÓN PELIGROSA

El 29 de marzo parten con destino al Cuzco, pero el camión solo llegó hasta Juliaca, donde un sargento bastante ebrio, los invitó a tomar unos tragos y comer algo, les hizo pasar un susto, pues se encaprichó en querer demostrar su puntería proponiéndole a Alberto una cantidad de soles si se situaba a 20 metros con un cigarro en la boca para tumbárselo de un disparo. Para demostrarle que era un buen tirador lanzó la gorra al aire y disparó sobre ella, pasando el plomo a bastante distancia del blanco. Por suerte la intervención de un oficial solucionó el problema.

LOS DEPORTISTAS SE INTERESAN POR LA HISTORIA INDOAMERICANA Y LA ARQUEOLOGÍA

Rumbo al Cuzco, pernoctan en Ayaviry y al otro día ya en dicha ciudad, la recorren, contemplan los monumentos arquitectónicos y las fastuosas iglesias, verdaderos símbolos de la prepotencia de los conquistadores españoles, pues fueron edificadas sobre los antiguos templos incaicos. Al decir de los nativos, aquello fue para demostrar que su dios era superior al de ellos: Viracocha. También asisten al museo y la biblioteca con el objetivo de conocer sobre la historia y la arquitectura de los templos del Cuzco y "la ciudad perdida de los incas."

FÚTBOL EN MACHU PICCHU

Cansados, pero llenos de felicidad, llegan al pequeño hotel de Machu Picchu, donde dejan sus mochilas y a pesar del cansancio van directo a una explanada donde juegan fútbol. Solicitan participar y de inmediato disfrutan de uno de sus deportes favoritos. Resulta además que el gerente, de apellido Soto y algunos empleados del hotel, están entre los jugadores, lo que les facilita obtener alojamiento y comida gratis. No se puede negar que a estos trotamundos les es de mucha utilidad ser deportistas. El 4 de abril acuden a las famosas ruinas, acompañados por un guía.

ALPINISMO, FÚTBOL, CONFERENCISTAS, ROMANCE Y ASMA

Por la noche charlan con el gerente, luego leen y matean. Al día siguiente escalan los 400 metros del Haina Picchu, sobre la fortaleza de Vicapampa, llamado también Pico Joven. Estas ruinas son semejantes a las anteriores, pero más pequeñas. En la tarde van a la sala de los sacrificios, situada en el torreón. Al regreso juegan fútbol y concluida la visita, se despiden.

Se marchan del Cuzco el 10 de abril rumbo a Abancay, pasean y almuerzan en el hospital, donde imparten una conferencia a las enfermeras sobre laboratorio clínico y acerca del viaje. Como consecuencia, ambos acoplan con un par de ellas.

En la noche Fúser sufre de un fuerte ataque de asma y un camionero los lleva hasta Huancaramas. El asma no ha mejorado y los medicamentos se agotaron. En todo el viaje no había sufrido una crisis semejante. En esta situación pasará varios días, a tal extremo que Alberto llegó a pensar que ese era el fin de su amigo.

EN EL LEPROSORIO DE HUAMBO

13 de abril. Al despertar, el enfermo ha mejorado bastante. Logran llegar al leprosorio de Huambo. Por la noche el mal reaparece con tal fuerza, que requiere ser inyectado dos veces, pero Ernesto no deja de cumplir lo planificado y juntos recorren el lazareto, conducidos por un enfermero. La mala impresión recibida a su llegada es superada con creces. Aquellos desgraciados pacientes están totalmente abandonados por las autoridades sanitarias del país.

Superado el ataque, abandonan el hospital en la mañana del 17. Han dejado una estela de cariño en todos, en especial en los enfermos, a los que trataron como seres normales, sin mostrarles el menor rechazo. Pasan por Andahuaylas. El 18 de abril la crisis que lo aqueja desde el pasado 12, desaparece. El 22 se encuentran en Ayacucho.

EN LA CAPITAL PERUANA

Luego de nueve días por caminos montañosos, zonas selváticas del altiplano y la región minera de La Oroya, entran a Lima el 1ro de mayo de 1952. Por medio del científico Hugo Pesce, los gauchos pueden llevar a cabo el plan que tenían en mente, a la vez que satisfacen todas sus curiosidades, tanto en lo cultural como en lo científico. En la capital peruana pernoctaron en un hospital donde existía una sala de leprosos y nuevamente los viajeros trabajarán y ganarán el afecto de los enfermos por su habitual comportamiento con ellos.

CORRIDA DE TOROS

El domingo 5 de mayo asisten por primera vez a una corrida de toros, más bien una novillada, es decir, una corrida de toros y toreros juveniles, que no agradó nada a Ernesto.

JUEGAN FÚTBOL CON LOS LEPROSOS

Con los enfermos juegan fútbol en un campo cerca del hospital y cada vez que les es posible, van con ellos a patear la pelota. Actúan unas veces de arqueros o de defensa. Para los que presencian y conocen lo que hacen los gauchos es algo increíble, pasarse horas y horas confundidos en la cancha con los leprosos, cuando todos, o por lo menos la gran mayoría, no sería capaz, ni siquiera de darle la mano a uno de estos. Esta actitud no solamente satisface a los futbolistas hospitalizados, también adquieren mayor conocimiento del juego de las patadas por la enseñanza que les imparten los

Cheses, como solían decirle. La relación con los pacientes es tal, que estos les piden reiteradamente que se queden a trabajar en el leprosorio.

Antes de marcharse realizan el partido de despedida con sus amigos enfermos. El día 24 se encuentran en Pucallpa y desde allí se embarcan rumbo a otro leprosorio en San Pablo, por el caudaloso Amazonas.

ACTIVIDAD DEPORTIVA Y BAILE EL DÍA DE SU CUMPLEAÑOS

Luego de estar varios días trabajando en el nuevo lazareto y haberse ganado la pareja el cariño y respeto de todos, en especial de los enfermos, sucedió que al enterarse de que el 14 de junio Ernesto cumplía 24 años, se pusieron de acuerdo para celebrárselo. Ese día él anotó: "...Tempranito me fui al río a repetir suerte con los pescados, pero este deporte es como el juego: el que empieza ganando va perdiendo. Por la tarde jugamos un partido de fútbol en el que ocupé mi habitual plaza de arquero con mejor resultado que las veces anteriores.

"Por la noche, después de pasar por la casa del doctor Bresani (director del hospital) que nos invitó con una rica y abundante comida, nos agasajaron en el comedor nuestro con el licor nacional, el pisco, del cual Alberto tiene precisa experiencia por sus efectos sobre el sistema nervioso central..." [90]

Por lo que escribe Mial, este día, además de jugar fútbol con los enfermos, charlan sobre este deporte y sus estrellas argentinas, que gozan de mucha popularidad en Perú.

90 Ibídem, p. 108.

CACERÍA DE MONOS, TIRO CON CERBATANA Y FÚTBOL

De acuerdo a lo que escribe Granado, el próximo día, domingo, fueron con el director del leprosorio a visitar la tribu de los Yaguas, donde observan una cacería de monos por medio de largas cerbatanas y dardos preparados con curare. Mientras cocinan la presa, los visitantes practican el tiro con cerbatana. De vuelta, el cacique les brinda totuma de mazato, fuerte bebida de yuca fermentada. Las notas de ese día las termina Ernesto señalando que por la tarde juegan fútbol.

FÚTBOL, PESCA. CRUZANDO EL AMAZONAS A NADO

El lunes, luego de su trabajo con los enfermos vuelve a jugar fútbol. "En la mañana del 17 —anota Fúser—, fuimos a pescar en frente a una cocha, y por supuesto no sacamos nada, pero de vuelta me largué a cruzar el Amazonas, cosa que hice en cerca de dos horas con gran desesperación del doctor Montoya, que no tenía ganas de esperar tanto..." Nos parece que la desesperación del galeno y demás acompañantes no era esa, pues el Petiso escribió: "...Insistió en cruzarlo pese a todas las advertencias sobre los peligros de la aventura, no sólo por caimanes sino también por las pirañas..."[91] Faltó agregar el arrastre de troncos y ramas con cierta velocidad, así como también que el río en esa zona es de un ancho de unos 1 200 metros. Sigue Granado: "...pero él se dejó llevar por la corriente(...) y salió a la otra orilla, como a 4 kilómetros de la colonia".[92]

"Jadeante, pero contento, subió al bote. Volvimos rodeados del médico interno, de Roger, el cuñado del director y otros jóvenes que

91 Alberto Granado: Ob. cit., p. 187.

92 Ibídem.

iban en la lancha acompañándome, y que no podían disimular su admiración frente al coraje de Fúser."[93]

Al otro día vuelven a la pesquería. Según Fúser, pescan algo: el médico y él una pieza cada uno. "...A la vuelta había un viento —agrega— que encrespó el río y el conductor Roger Álvarez se cagó hasta la mierda, cuando vio que las olas llenaban de agua la canoa; yo le pedí el timón pero no me lo quiso dar y fuimos a la orilla a esperar que amainara..."[94] Leyendo lo que dice Petiso, la captura fue de cerca de "20 enormes peces". Señala que la balsa que les estaban construyendo para que ellos siguieran camino ya estaba casi terminada, faltando nada más que los remos. La noche antes de la partida, los agradecidos enfermos les ofrecen una serenata de despedida.

UNA PELIGROSA NAVEGACIÓN POR EL AMAZONAS

Veamos ahora qué sacamos del libro de Granado y las entrevistas realizadas: Al visitar a los enfermos, los más viejos les advierten de los peligros del Amazonas, sobre todo por los arrastres de la corriente, entre ellos, las jungadas, amasijos flotantes de grandes troncos entrelazados por maleza y bejuquera. Un choque con ellas puede ser fatal. Regresan a la colonia y luego de almorzar y bajo una fina lluvia van a ver lo que le falta a la balsa, sobre la cual construyen una caseta de palo y guano, tipo vara en tierra.

Al rato aparecen Chávez y Alfaro con un cartel de grandes letras: MAMBO por un lado y TANGO por el otro, que clavan en la punta de un palo a manera de bandera. Lo del nombre se debe a que por esa época está de moda el ritmo del mambo y a que el tango es el preferido de los argentinos. Según Granado, les obsequiaron tantos comestibles como para pasarse un mes de viaje. A media tarde no

93 Ibídem, pp. 187-188.
94 Ernesto Che Guevara: Ob. cit., p. 126.

ha dejado de llover, pero ellos se disponen a lanzarse a navegar por el inmenso río.

Sigamos con las anotaciones de Granado: "Cuando estuvimos en el centro de la corriente hicimos algunas pruebas con el remo de popa, que es el que hace de timón, para ver si dominábamos el manejo...

"...Por fin nos vimos en medio del Amazonas, librados a nuestro esfuerzo." [95]

De la navegación por el Amazonas solo aparece en el libro de Ernesto *Notas de viaje*, una corta descripción, saltando posteriormente a su llegada a Venezuela, sin decir nada de su estancia en Colombia, aunque en la carta a la madre del 6 de julio de 1952, le hace una breve reseña de lo que les ocurre desde la partida de San Pablo y parte de lo pasado en Colombia; por suerte su compañero de viaje fue más explícito, lo que facilita reconstruir ese trayecto lo más cercano a la realidad, desde la salida de San Pablo hasta llegar a Caracas. También leemos que el joven Ernesto llama a la balsa Kontikita. Aunque tampoco lo anotó, con esta forma de navegar compensaba su sueño de bajar el Paraná en un kayac, según dijo su hermano Roberto.

COMPETENCIA EN EL AMAZONAS

Con el fin de disipar el estado de nervios y de ánimos que los envuelve, se enfrascan en una suerte de competencia con un tronco que les pasa por un costado, que a fuerza de remos logran dejar atrás. Con la satisfacción del triunfo y ya más sedados, se introducen en la caseta y comen varias cosas, también sacrifican una gallina para la próxima comida. Fúser pone el mosquitero y enciende el farol con el fin de hacerse visible al pasar frente a Chimbote, último puesto fronterizo del Perú, y evitar que los tiroteen pensando que son contrabandistas, mientras Mial se pone a escribir.

95 Alberto Granado: Ob. cit., pp. 192-193.

Al rato se dan cuenta de que la balsa se ha ido a la izquierda y tratan de guiarla a la derecha, donde queda la guarnición, pero los mosquitos les obligan a abandonar su tarea y meterse bajo techo. Los sorprenden las luces del lugar sin poder atracar en el espigón. Afortunadamente parece que nadie los vio. Sin embargo, se sienten molestos, no tanto por no haber podido atracar, sino porque no pueden dominar la dirección de la balsa. Resignados a que esta continúe sin dominio, se guarecen debajo del mosquitero a esperar el otro día.

El amanecer del 21 de junio los sorprende "encallados" en una empalizada. Para desprenderse de la trampa flotante deben remar duro y cuando ya lo logran, navegan de nuevo llevados por la corriente; se disponen a hervir agua para el mate y a cocinar. Mientras el más joven prepara la gallina, el mayor se pone a pescar y en breve tiene que pedir ayuda para poder sacar un saltón de unas 20 libras, que de inmediato preparan. Al tratar de orillar para pedir unas yucas sembradas al lado de un bajareque, Mial se cae al agua; Fúser le tira una cuerda, la que amarra a un palo y así pueden bajar a tierra. Con mucha dificultad, debido a la barrera del idioma, compran a una india yagua varias yucas. De nuevo navegando asan un par de ellas y ponen a hervir la gallina para poderla freír, por lo dura que está. El Amazonas les reserva un serio peligro.

La balsa se mantiene más o menos en el centro del río, pero se desvía un poco hacia una orilla. Como transcurre un buen tiempo sin el menor problema, no se preocupan, cuando de momento distinguen un gran ramaje medio hundido que cubre su ruta; apresuradamente los navegantes toman los remos y con todas sus fuerzas tratan de evitarlo, pero la corriente es muy fuerte y no logran desviar la balsa de su dirección. A la velocidad que van, el choque será fatal, con la segura destrucción de la embarcación. Lanzarse al agua y luchar contra la fuerte corriente es imposible, además de los caimanes, pirañas y quién sabe qué otros peligros, solo para intentar llegar a la orilla de un lugar desconocido y lleno de acechanzas. El choque es inevitable. A pesar del extremo esfuerzo de los remeros, son mínimos los metros que los separan de los inoportunos y peligrosos ramajes. De momento Fúser suelta el remo, se sitúa en el extremo de la balsa y grita:

—¡Mial, cuando yo agarre la rama, utiliza un remo como palanca!

Como un animal en acecho, cuando tiene a su alcance una rama que sobresale de las demás, Fúser se inclina, se aferra a ella, hace uso de toda su fuerza y logra reducir la velocidad. Acto seguido Mial hace lo indicado y con un esfuerzo extremo logran que la balsa se desvíe algo, lo suficiente para evitar el encontronazo frontal. El choque se produce solo con algunas ramas, por suerte pequeñas. El único resultado fue que la caseta se dañó algo, aunque Granado añade que perdieron la gallina. Sin embargo, sobre esto su amigo escribió: "...decidimos hacer guardia de una hora cada uno para evitar inconvenientes ya que al atardecer la corriente nos llevó contra la orilla y unas ramas medio hundidas casi nos descuajan la balsa. Durante una de mis guardias me anoté un punto en contra ya que un pollo que llevábamos para el morfi cayó al agua y se lo llevó la corriente y yo, que antes en San Pablo había atravesado el río, me achiqué en gran forma para ir a buscarlo, mitad por los caimanes que se dejaban ver de vez en cuando y mitad porque nunca he podido vencer del todo el miedo que me da el agua de noche. Seguro que si estabas vos le sacabas y Ana María creo que también, ya que no tienen esos complejos nochiscos que me dan a mí..."[96]

Con el título LA KONTIKITA SE REVELA, aparece en su libro *Notas de viaje* la siguiente, que se aviene a la parte de la travesía marineril de los gauchos: "Dos o tres mosquitos no iban a poder contra mis ansias de dormir y en pocos minutos los había derrotado, pero mi triunfo fue estéril ante la decidida actitud de Alberto cuya voz me sacó del delicioso limbo en que cursaba. Las tenues luces de un pueblito, que por las características que presentaba debía ser Leticia, asomaban sobre la margen izquierda del río. Inicia enseguida, con gran ardor, la tarea de acercar la balsa a las luces y aquí el desastre: el armatoste se negaba en forma intransigente a arrimarse a la orilla, empeñado en seguir su camino por el medio de la

96 Ernesto Guevara Lynch: *Mi hijo el Che*. Ed. cit., p. 324.

corriente. Remábamos con toda fuerza, y cuando parecía que estábamos definitivamente encaminados,dábamos una vuelta en redondo y quedábamos de nuevo orientados hacia el medio. Con creciente desesperación veíamos cómo se alejaban de nosotros las luces anheladas, mientras, exhaustos, decidíamos ganarle, por lo menos, la batalla a los mosquitos y dormir tranquilamente hasta el amanecer, para decidir entonces qué haríamos. Nuestra situación no era tan halagüeña ya que de seguir río abajo lo tendríamos que hacer hasta Manaos, distante, según datos más o menos fidedignos, unos diez días de navegación, y ya carecíamos de anzuelo, luego del accidente del día anterior, no teníamos gran cantidad de vituallas y carecíamos de la seguridad que da el saber que se puede uno arrimar a la orilla el momento que se le dé la gana; sin contar con que entrábamos al Brasil sin documentación en regla y desconociendo el idioma. Pero todas estas reflexiones no nos ocuparon mucho tiempo ya que muy pronto dormíamos a pata ancha. Con el sol naciendo me desperté y así afuera del amparo del mosquitero para dar un vistazo a las posiciones que ocupábamos. Con toda la mala intención del mundo, La Kontikita había ido a depositar su humanidad en la orilla derecha y allí permanecía tranquilamente en una especie de embarcadero pequeño que correspondería a alguna casa de la cercanía. Decidí dejar la inspección ocular para más tarde porque los zancudos se [me] consideraban dentro del radio alimenticio de sus vidas y picaban de lo lindo. Alberto dormía a pierna suelta y yo decidí emularlo. Una pereza morbosa y una especie de desconfianza modorra que rehusaba interrogar el porvenir, se había apoderado de mí. Me sentía incapaz de tomar una decisión y me limitaba a calcular que por malo que fuera lo que viniese no había razón para suponerlo inaguantable." [97]

El 22 de junio, Fúser da a entender que saben que están en Brasil, veamos lo que dice a la madre en carta del 6 de julio de 1952: "Después de dormir bien Alberto, que prefiere la gallina al pescado, se encontró con que los dos anzuelos habían desaparecido durante

97 Ernesto Che Guevara: Ob. cit., pp. 109-110.

la noche, (sic), lo que agravó su bronca y como había una casa decidimos ir a averiguar cuánto faltaba para Leticia. Cuando el dueño de la casa nos contestó en legítimo portugués que Leticia estaba siete horas arriba y que eso era Brasil, nos trenzamos en una agria discusión para demostrar uno al otro que el que se había dormido en la guardia era el contendiente..." [98]

CANOTAJE

Como tenían que salir de allí, coordinan con el campesino que los lleve a Leticia en la mañana siguiente en su canoa y ellos le dejarán la balsa. Temprano, navegan río arriba rumbo a Leticia. Con relación al recorrido Fúser dice en su carta de 6 de julio de 1952 a su madre: "El viaje de vuelta fue muy movido también, pero algo cansador porque tuvimos que remar siete horas bien contadas y no estábamos acostumbrados a tanto." [99]

98 Ernesto Guevara Lynch: *Mi hijo el Che.* Ed. cit., p. 324.
99 Ibídem, p. 324.

VII. COLOMBIA 1952. ENTRENADORES DE FÚTBOL

A media tarde del 23 de junio, desembarcan en Leticia y por ende en tierra colombiana, pequeño pueblo al sur del país, limítrofe con Perú y Brasil. De inmediato buscan la forma de seguir para Bogotá por vía aérea, por supuesto pretenden hacerlo gratis, pero el vuelo para la urbe sale dentro de diez o quince días. No tienen alternativa, deben irse en lo que aparezca. En la noche del 25 experimentarán una sorpresa imprevisible. Van a verlos para proponerles trabajar como entrenadores del equipo de fútbol, el Independiente Sporting, lo que aceptan. Hasta el momento han subsistido con el cuento del farol roto y como "doctores" y futbolistas, pero nunca pensaron que lo harían como entrenadores de este deporte.

Desde muy temprano, el 26 de junio los flamantes entrenadores imparten sus primeras clases a sus alumnos. Mial anota: "...Los jugadores tienen poco dominio del balón, pero son incansables y muy obedientes. Su estilo de juego es semejante al de la década del 30 en Argentina...

"...Luego de una media hora de práctica hicimos un partido(...) Se quedaron asombrados de los resultados que dio la marcación..."[100] Acuerdan realizar un campeonato el domingo próximo.

El 27, al decir de Mial acerca de sus pupilos: "Parecen muy entusiasmados por nuestras enseñanzas."[101] En la tarde visitan el

100 Alberto Granado: Ob. cit., p. 201.
101 Ibídem, p. 202.

hospital y realizan algún trabajo. Por la noche charlan con parte de sus alumnos. El 28, además del entrenamiento, caminan hasta territorio brasileño, pues no hay nada que lo impida. Hacen amistad con un campesino, quien los invita a almorzar al otro día. Temprano el domingo 29 de junio, realizan un tope con otro equipo. Mial dirige y Fúser sirve de árbitro.

Los resultados son funestos, pierden 2 a 0. Por la manera de jugar todo indica que sus enseñanzas las han olvidado. Ante la certeza de que sus alumnos los harán quedar muy mal, ambos deciden formar parte del equipo.

Como fue acordado, se disponen a asistir al "campeonato" a las 16:00 horas. Antes habían cumplimentado la invitación del campesino brasilero. Escribe Mial: "Ganamos los dos partidos de eliminación. El primero, 2 a 0. A los 5 minutos hice un gol, y como todavía me sentía muy lleno, me dediqué a dar los pases a los compañeros. El segundo partido quedó empatado sin goles, gracias al Pelao. Como teníamos tres *corners* a favor y uno en contra, ganamos la eliminatoria.

"En la final, tanto el Pelao como yo nos lucimos. Pusieron dos hombres a cuidarme y no me pudieron quitar la pelota, siempre la serví al mejor ubicado, lamentablemente, perdieron más de tres goles servidos.

"La hinchada en general aplaudió mucho. Me decían Pedernerita, lo cual no deja de halagarme. Pero yo considero que el verdadero héroe de la tarde fue Fúser, tanto por la forma como atajó, como por la forma en que dirigió a los defensores. Sin él nos hubieran encajado dos o tres goles.

"Como el partido terminó 0 a 0 y era el final, se definió por penales. De los tres que nos patearon el primero fue un cañonazo que se convirtió en gol. El segundo salió afuera, y el tercero, el Pelao lo atajó brillantemente. Fue un *shot* al ángulo superior derecho y Fúser, en una estirada formidable, sacó el balón sobre el travesaño.

"Los penales nuestros los ejecutó el centro delantero y los tiró los tres afuera. Pese a que nuestro equipo ocupó el segundo lugar, hemos sido los héroes de la jornada, pues todo el mundo se admira del cambio llevado a cabo en el Independiente Sporting en solo un par de días, y todo el mundo está consciente de que no es únicamente por el hecho de contar con nosotros dos como refuerzos, sino por la aplicación de técnicas nuevas y efectivas. Hemos quedado comprometidos en que mañana iremos a practicar con todos aquellos que quieran hacerlo."[102]

Ernesto escribe a su madre. Al inicio le cuenta cómo fueron contratados y luego le dice: "...Al principio pensábamos entrenar para no hacer papelones, pero como eran muy malos nos decidimos también a jugar, con el brillante resultado de que el equipo considerado más débil llegó al campeonato relámpago organizado, fue finalista y perdió el desempate con penales. Alberto estaba inspirado con su figura parecida en cierto modo a Pedernera y sus pases milimétricos, se ganó el apodo Pedernerita, precisamente, y yo me atajé un penal que va a quedar para la historia de Leticia. Toda la fiesta hubiera sido muy grata si no se les ocurre tocar el himno colombiano al final y me agacho para limpiarme un poco de sangre en la rodilla mientras lo ejecutaban, lo que provocó la reacción violentísima del comisario (coronel) y me atacó de palabra y le mandaba mi rociada flor cuando me acordé del viaje y otras yerbas y agaché el copete..."[103]

Luego de esta agradable y positiva experiencia, Alberto dijo a su amigo que si se dedicaban a instructores o a jugadores de fútbol podían obtener trabajo en cualquier lugar. Al otro día, en horas de la tarde vuelven a jugar fútbol, como habían prometido. También reciben la promesa de poder viajar en avión. El 2 de julio vuelan a Bogotá. Están muy felices, pues avión es el único transporte que no habían utilizado.

102 Ibídem, pp. 205-206.
103 Ernesto Che Guevara: Ob. cit., p. 130.

FÚTBOL

En la capital colombiana logran hospedaje en un hospital y comida en la Ciudad Universitaria. Cuando se encaminan al alto centro de estudios se encuentran a varios obreros jugando fútbol y de inmediato están correteando de un lado a otro. Terminado el partido conversan sobre deporte y las aventuras pasadas por los gauchos; los jóvenes rompen a reír, ante lo inverosímil que les parece lo narrado.

Con el fin de obtener entradas para un importante partido de fútbol, entre el Club Millonarios —en el que juegan futbolistas argentinos— y el Real Madrid el próximo domingo, se dirigen donde radican los primeros, pero el "pechazo" no da resultado. Sobre lo anterior escribió Ernesto a su mamá: "...Mañana veré [jugar] a Millonarios y Real Madrid desde la más popular de las tribunas, ya que los compatriotas son más difíciles de roer que ministros..."[104]

ESPECTADORES DE UN FINAL DE CICLISMO Y DE UN JUEGO DE FÚTBOL

El domingo 6 de julio vendrá a compensar parte de los malos ratos acaecidos, producto de que son detenidos de manera arbitraria por la posesión de un pequeño puñalito. Asisten al final de una carrera de bicicleta, con triunfo para un colombiano. Por la tarde disfrutan del partido de fútbol. Todo parece indicar que tienen que pagar las entradas, pero para ellos esto no significa sacrificio, ya que hasta dejarían de comer por asistir a un partido de uno de sus deportes preferidos. Los contrincantes, Real Madrid contra Millonarios, en el que juegan varios argentinos y resulta ganador.

104 Ernesto Guevara Lynch: *Mi hijo el Che*. Ed. cit., p. 326.

CONVERSANDO CON D' ESTÉFANO

En esos días visitan y platican con el futbolista argentino D' Estéfano, quien fue muy cordial con sus paisanos —según nos dijo Alberto—, interesándose por el *raid* que realizan, lo que le pareció una dura prueba, pero los alentó al cumplimiento de la meta. También les obsequia entradas para el partido del próximo día. En la mañana juegan fútbol en la Universidad y en la tarde asisten al segundo partido entre el Millonarios y el Real Madrid. Los primeros repiten el triunfo.

Con el fin de salir del país —donde por un puñalito que lleva Ernesto son detenidos y tratados de forma grosera—, llegan a Cacuta. Fúser sufre un ataque de asma que lo hace permanecer en cama en espera de cruzar la frontera hacia Venezuela, mientras escuchan por radio un juego de fútbol y disfrutan de un concierto de música popular colombiana. El asma reaparece y requiere nueva dosis de adrenalina.

El 14 de julio de 1952 se encuentran en Venezuela, donde nació el gran Simón Bolivar. Tres días más tarde entran a Caracas. El placer de llegar a la meta finalmente fijada es opacado por el asma de Ernesto. En Caracas son ayudados por una paisana que les busca alojamiento con comida. En la confortable hospedería descansaron bien y el asma de Ernesto desaparece. Lo más importante es asegurar el trabajo de Granado y contactar con el que debe resolver el regreso de este, en un avión de transportar caballos de raza.

ESPECTADORES DE JUEGO DE FÚTBOL. UN HINCHA AGRESIVO

García Bustillo (Embajador de Venezuela en Cuba en 1965): "Yo conocí a Ernesto y a Granado porque paraba en la misma pensión donde ellos se hospedaron... Una vez asistimos a un juego de fútbol muy importante, se inauguraba el Estadio de la Ciudad Universitaria de Caracas, fue en julio de 1952. Para esa inauguración se escogieron dos equipos muy importantes, el Millonarios de Bogotá y el Real Madrid, de España, pero resulta que el Millonarios no era colombiano, sino argentino, puesto que había un solo colombiano en el equipo, Zuluaga, los demás eran argentinos; además, no eran jugadores cualesquiera, eran la flor y nata del fútbol argentino de la época y de todas las épocas, estaban D' Estéfano y Pedernera.

"Fuimos los tres, invitados por mí, por supuesto a la entrada más barata. El juego se ganó una a cero por el Millonarios, por un gol de media cancha que metió Rosi, entonces resulta que Ernesto era un enfurecido por el fútbol y se quería ir a las manos con un español grandotote que había perdido. Ernesto era menos fuerte y tuvimos que meternos para evitar la pelea."[105]

Los días restantes hasta el 26 de julio, fecha de salida del avión, los invierten en variadas actividades, entre ellas asistir al estadio universitario a presenciar dos juegos de fútbol. Este último día los amigos deben separarse, pues Alberto encontró trabajo en un leprosorio, con casa, comida y un buen sueldo. Antes habían acordado que si Mial lograba una plaza de ese tipo, Fúser regresaría a Buenos Aires para concluir sus estudios, con la promesa de, una vez graduado de médico, reencontrarse en Caracas, para juntos nuevamente continuar de trotamundos y deportistas.

MIAMI. NATACIÓN Y ESPECTADOR DE BOXEO

Partió de Caracas rumbo a Buenos Aires. Llegó a Miami. La estancia en dicha ciudad no debió demorar más de un par de días, pero defectos técnicos la prolongaron por casi un mes. Del tiempo

105 Entrevista del autor.

pasado en Miami, según testomonio de Jimmy Roca, nadó varias veces en la playa y por carta que escribió a Tomás Granado desde ese país, presenció una pelea de boxeo.

VIII. REGRESO A LA PATRIA

Tan pronto el avión está listo, regresan a Buenos Aires. Concluía así un viaje por seis países, incluyendo el suyo: Chile, Perú, Colombia, Venezuela y Estados Unidos. Desde el 29 de diciembre de 1951 hasta finales de agosto de 1952, ha estado 8 meses separado de su familia y sus estudios. Sin duda que el recorrido le ha sido muy útil.

El próximo día acude a la Facultad de Medicina y se informa de que para poder terminar en este año, tendrá que aprobar quince asignaturas, tarea casi imposible, pues tiene nada más que cuatro meses; sin embargo, acepta el reto. Evidentemente que lo más importante ahora para el viajero es estudiar al máximo para poder graduarse y poco será el tiempo que le quede libre para otras actividades y, en la medida solo de lo posible, practicar sus deportes preferidos: *rugby*, fútbol, ajedrez y natación.

Estudia día y noche, y asiste a sus prácticas de laboratorio e investigaciones en la clínica de Pisani, pues con esto adquiere mayores conocimientos de las enfermedades alérgicas.

Entre octubre y diciembre vence la maratónica cifra de catorce de las quince asignaturas, pues una queda para abril próximo, por razones que desconocemos. No obstante, todos los que supieron de su extraordinario esfuerzo, prácticamente dan por seguro que ya es médico.

ACTIVIDADES DEPORTIVAS

El primer trimestre de 1953, en espera del último examen, dedica más tiempo al trabajo de la clínica y al deporte, especialmente el *rugby*, defendiendo ahora los colores del club Atalaya. También juega ajedrez, nada, realiza campismo, visita o sale con sus amistades o con su nuevo romance.

GRADUADO DE MÉDICO

El 11 de abril de 1953 termina la carrera de medicina, fecha en que rinde su última asignatura. Dos días antes de arribar a un cuarto de siglo de existencia, el joven Ernesto obtiene la oficialización de sus estudios. El 12 de junio de 1953, con el legajo 1058, registro 1116, el Ministerio de Educación y la Universidad de Buenos Aires, la División de planos y títulos de la Facultad de Medicina, conforma el diploma de médico a favor de Ernesto Guevara, con el expediente 1058/53.

IX. SEGUNDO VIAJE POR AMÉRICA LATINA

Este nuevo viaje Ernesto pensaba hacerlo en el avión de transporte caballar, pero no pudo ser. Este imprevisto originará un vuelco de 180 grados a su vida. Tal como sucedió en el primer recorrido, lo describiremos de manera general, destacando principalmente sus actividades deportivas y otros asuntos de importancia ocurridos. En esta oportunidad su acompañante será Carlos Ferrer, amigo de la infancia, al que llaman Calica.

BOLIVIA

El nueve de julio de 1953 los viajeros se despiden de sus familiares y amigos en la estación Retiro, de la terminal de ferrocarril General Belgrano. Este mismo día entran a Bolivia y Ernesto es atacado fuertemente por el asma. El 12 se encuentran en La Paz. Repuesto el enfermo salen a caminar por el altiplano de más de 4 000 metros sobre el nivel del mar, donde se encuentra la capital más alta del mundo.

AJEDREZ, FÚTBOL Y ARQUEOLOGÍA

De acuerdo con las cartas de Ernesto a sus padres y el testimonio de Calica, en Bolivia pensaron quedarse unos meses para ver el desarrollo de los acontecimientos políticos, pero no pudieron conseguir trabajo a pesar de que está en el poder un gobierno de corte nacionalista y con visos de progresista. Conocieron a muchos argentinos exiliados en la casa de uno de ellos de holgada posición económica, donde a veces disfrutan de apetitosas comidas. Recuerda Calica que Ernesto jugó ajedrez con algunos y las discusiones sobre el fútbol y sus jugadores en su país era tema constante, por supuesto, después de la política. También visitaron regiones arqueológicas y mineras.

Al ver que sus gestiones de trabajo no fructifican, deciden continuar viaje rumbo a Perú. Su apreciación sobre la situación boliviana, que aparece en su correspondencia, muestra un agudo conocimiento de los personajes principales de la llamada Revolución y de su futuro previsible. Al comparar este análisis con los que hizo un año antes, se advierte el gran salto que ha experimentado su visión política.

EXPLORADOR. EN PERÚ DE NUEVO

El 16 de agosto de 1953 se encuentran en Copacabana, entrando a Perú el 18 por la zona de Yunguyo. De aquel recorrido escribió a la madre: "Posteriormente nos fuimos a la orilla del lago Titicaca o Copacabana y pasamos un día en la Isla del Sol, famoso santuario del tiempo de los incas donde se cumplió uno de mis más caros anhelos de explorador: encontré en un cementerio indígena una estatuita de mujer del tamaño de un dedo meñique, pero ídolo al fin, hecho del famoso chompi, la aleación de los incas."[106]

REMEROS A LA FUERZA

El lago Titicaca es limítrofe entre Bolivia y Perú y es el más alto del mundo sobre el nivel del mar. En él se encuentran las islas del Sol y de la Luna. El viaje lo logran por medio de una argentina,

106 Oficina de Asuntos Históricos del Consejo de Estado.

gerente del hotel que está en la bahía de Copacabana, quien les consigue un bote conducido por un indio. El frío es fuerte, pero el tiempo es bueno. Se demoran bastante en la visita al templo. Al regreso el tiempo comienza a descomponerse y en medio del lago los vientos arrecian y las olas los baten; el indio rema con todas sus fuerzas, pero se cansa y ellos dos tienen que tomar los remos. Están lejos de la orilla y cada vez es más fuerte el viento. El nativo se pone a rezar a la pachamama. Con mucho esfuerzo llegan a tierra y se meten en una caseta.

En Lima permanecen varios días, donde son ayudados por las amistades que Ernesto y Granado habían establecido en el anterior viaje. Calica no tiene bien claro si jugaron o no fútbol, pero lo más probable es que lo practicaran con los enfermos del leprosorio.

En octubre se encuentran en Guayaquil, donde han llegado por medio de "botellas". Allí se encuentran con cuatro paisanos, a los que se unen con el fin de continuar viaje juntos. Sucedió que Ernesto se entusiasmó con la idea de visitar Guatemala antes de seguir para Caracas, lo que por supuesto alargaría el tiempo de llegar allí. Como demoró bastante en conseguir llegar a Panamá, su amigo Calica decidió continuar solo para la capital venezolana.

Salir de Guayaquil no les fue fácil, pero por fin logran embarcarse hacia Panamá. Ahora su compañero de viaje será Gualo García, el paisano que le habló de ir a Guatemala. Por lo que dice en su carta a la madre, fue el 29 ó 30 de octubre de 1953 que llegan a Panamá. Sobre deporte no dice nada.

INTERÉS POR LOS DEPORTES

Entre las visitas no faltan las bibliotecas, la zona del Canal, donde observa el funcionamiento de las exclusas en Miraflores, del *ferry boat* que se utiliza para cruzar al occidente del país —pues aún no se ha construido el puente De Las Américas— y es así como conoce la triste historia del surgimiento de la monumental pero humillante obra para los panameños. También se interesa por visitar la redacción de un diario y centros deportivos, según los testimonios de panameños con quienes se relacionó en ese país.

PERIODISTA Y CONFERENCISTA

Al conocer sus amigos de los viajes de Ernesto por varios países latinoamericanos y que tiene algunos escritos suyos sobre la historia y cultura indoamericana, le gestionan su publicación en la revista *Siete*, editada en los talleres de la Pan American.

Además, se coordina con el Rector de la Universidad Nacional para que auspicie que el doctor Guevara imparta dos conferencias sobre alergia. Considerando que sus objetivos en Panamá están cumplidos, los gauchos deciden continuar hacia Guatemala. Antes verán la visita que realizara la Reina Isabel de Inglaterra. En su viaje hacia Costa Rica, el camión donde se trasladan se volcó y Ernesto se lastimó un tobillo. En el restaurante Soda Palace de la capital costarricense conocerán a varios cubanos, exiliados por su participación en los sucesos del 26 de julio en su país.

UN FONDISTA COJO

Sobre el 15 de diciembre continúan viaje. Los incidentes del trayecto los relata Ernesto en la carta que hace a su "Querida Vieja" desde Guatemala, el 28 de diciembre de 1953:

"Después de la salida de San José nos fuimos a dedo hasta donde el camino lo permitió, desde allí caminamos unos ciencuenta kilómetros para llegar a la frontera nicaragüense, ya que la ruta panamericana es una bella ilusión por esos parajes. Yo tenía mi talón en mal estado a causa del accidente que te conté en una carta anterior, de modo que lo pasé bastante mal, pero luego de vadear un río como diez veces y empaparnos por la lluvia que caía constantemente, llegamos a la frontera. Allí esperamos un día a que llegara alguna camioneta o algo que nos transportara para el Norte, pues en Nicaragua hay buenos caminos..."[107]

Pasan por El Salvador para entrar a Managua y siguen hasta Guatemala, donde arribaron el 20 de diciembre de 1953. La estancia en este país será más larga de lo previsto, pero más corta de lo deseado. Fueron muchas las amistades que estableció, entre ellas la peruana Hilda Gadea, la que le prestó gran ayuda, ya que no le fue posible trabajar como médico, por no poder revalidar su título. Por medio de ella conoció a nuevos exiliados cubanos participantes en los sucesos del 26 de Julio, entre los que se encontraba Antonio López, al que todos llamaban Ñico. Esta amistad ha de ser determinante para su futuro como revolucionario.

1954. CAMPISMO E HIPISMO

De acuerdo con lo que leemos en el libro *Che Guevara. Años decisivos*, de Hilda Gadea, todo parece indicar que la primera actividad deportiva realizada por Ernesto en Guatemala fue el campismo y el hipismo, debido a que el primer domingo de enero de 1954 fue invitado junto con su amiga a un paseo campestre, donde compartirán con otros latinoamericanos y él montó a caballo. Fue un agradable fin de semana.

Desde su llegada a Guatemala, Ernesto es conocedor de la hostilidad que despliega Estados Unidos contra este pequeño país, por el solo hecho de haber llevado a cabo una Reforma Agraria, pero esta ley y la posición progresista del presidente Jacobo Arbenz le simpatizan, motivo por el que hace esfuerzos para trabajar en su profesión y cooperar en todo lo que esté a su alcance. Por esa fecha ya el interés por los problemas sociales ocupa su mayor tiempo. En una de sus cartas al padre le dice:

107 Ernesto Guevara Lynch: *...Aquí va un soldado de América*. Editorial Planeta Argentina S. A. Buenos Aires, 1990, p. 30.

"El trajín diario de la lucha por el morfi no me ha permitido conocer Guatemala como quisiera, pero cualquiera de los dos puestos que tengo en vista (...) me permitiría hacerlo con relativa facilidad..."[108]

VENDEDOR AMBULANTE, CAMPISMO E HIPISMO

El único trabajo que puede realizar es el de vender santos de puerta en puerta, junto con los cubanos. Las relaciones de Ernesto con estos se estrechan, en especial con Ñico, debido a la sociedad de ambos en el "negocio" y por las reuniones y paseos que se organizan entre los exiliados. En uno de los últimos se reunieron peruanos, nicaragüenses, argentinos, cubanos, hondureños y salvadoreños, invitados por el alemán Griffe a su finca. Se repite el placer de la monta a caballos, y el disfrute de un rico almuerzo campestre; por la tarde, alrededor de una fogata se deleitan con los valses vieneses que brotan del acordeón del hondureño Wainahues. Según Hilda, toman fotos y Ernesto le da la primera señal de que está interesado en ella.

NATACIÓN

La piscina universitaria es otro lugar a donde asisten Hilda y los gauchos, invitados por algunos profesores amigos de la peruanita. Allí practican la natación, en especial el estilo mariposa, que tanto gusta a Ernesto, y olvidan las penurias. También adquieren nuevas amistades. La venta de santos se ha puesto difícil y es poca la ganancia para poder pagar la pensión. Esto los obliga a pedir ayuda a la amiga.

108 Oficina de Asuntos Históricos del Consejo de Estado.

NUEVO CAMPISMO

Invitados por una amiga, Ernesto e Hilda asisten a la "lunada" de Alianza en el parque de Las Ninfas, a la orilla del lago Amatitlán, un bello lugar y gracias a la luna llena contemplan el volcán Pacaya y las elevaciones del Filón. Hacen una fogata y alrededor de ella se deleitan y bailan con acordeón. A la hora de regresar, tal como lo había advertido cuando aceptó asistir al campismo, el gaucho se queda en el parque, para lo cual llevó su mochila —recuerda Hilda— en que cargaba: bolsa de dormir, termo, tetera, boquilla y yerba mate, además de un paquete de libros bajo el brazo.

ACTIVIDAD DEPORTIVA, CULTURAL Y POLÍTICA

En el mes de febrero asiste al Primer Festival Nacional de la Juventud en la Alameda de Chimaltenango, lindo y acogedor pueblo. Acude un día con sus amigos y participan en las actividades deportivas, culturales y en una mesa redonda sobre política. Ese evento es parte de los preparativos para el festival centroamericano y mexicano. Su permanente enemigo, el asma, lo fustiga en esos días.

Por lo visto, en Guatemala su mayor recreación no será el deporte —aunque puede practicar algunos de ellos—, sino la lectura. Hilda refiere que eran coincidentes también en la pasión por la poesía y hablan de algunos poetas. Él hace gala de su memoria y recita distintos poemas.

Nuevos complots contrarrevolucionarios son descubiertos, todos con la anuencia de los tiranos de varios países latinoamericanos y en especial del gobierno de Estados Unidos. En esos días realiza un trabajo que paliará su situación económica, sobre lo que escribe a sus padres:

"Un peso diario por dar clases de inglés (castellano digo) a un gringo, [White] y 30 pesos al mes por ayudar en un libro de geografía que está haciendo un economista aquí. Ayudar quiere decir escribir a máquina y pasar los datos (total 50, lo que si se considera que la pensión vale 45, que no voy al cine y que no necesito remedios, es un sueldazo, la única macana es que ya debo dos meses, pero espero conseguir un laburo algo más firme en estos días..."[109]

Aunque no puede ejercer como médico, cuando le es posible en las mañanas asiste al Hospital General y trabaja gratuitamente en el laboratorio, donde en ocasiones también almuerza. La situación económica de Ernesto y sus amigos no les permite asistir a los programas deportivos, conformándose con leerlo en la prensa y a veces oírlos por la radio, según nos contó Antonio Darío López, *el Gallego*, otro de los cubanos exiliados en Guatemala.

FONDISTA. ARQUEOLOGÍA, NATACIÓN, FOTÓGRAFO Y ESTIBADOR

Con ese espíritu de trotamundos, deportista, con la vena arqueológica, y escasísimo dinero, se lanza a conocer regiones donde quedan restos de antiguas culturas. No tenemos más referencias sobre esto, que la carta que escribe a su madre al regresar a Guatemala, a fines de abril de 1954, según el padre.

"...En los días de silencio mi vida se desarrolló así: fui con una mochila y un portafolio, medio a pata, medio a dedo, medio (vergüenza) pagando, amparado por 10 dólares que el propio gobierno me había dado. Llegué al Salvador(...) No tienen nada que hacer con las construcciones mayas y menos con las incaicas. Después me fui a pasar unos días de playa mientras esperaba la resolución sobre mi visa, que había pedido para ir a visitar unas ruinas hondureñas, que sí son espléndidas. Dormí en la bolsa que tengo, a orillas del mar, y aquí sí mi régimen no fue de lo más estricto, pero esa vida tan sana me mantuvo perfecto, salvo las ampollas del sol(...) Los hondureños me negaron la visa por el solo hecho de tener residencia en Guatemala...

109 Ernesto Guevara Lynch: ... *Aquí va un soldado de América*. Ed. cit., p.41.

"...De vuelta [a Guatemala] me largué por rutas medio abandonadas y con la cartera tecleando [casi vacía], porque aquí un dólar es poco más que un mango y con 20 no se hacen maravillas. Algún día caminé cerca de 50 kilómetros (serán mentiras, pero es mucho) y después de muchos días caí al hospital de la frutera donde hay unas ruinas chicas, pero muy bonitas. Aquí ya quedé totalmente convencido de lo que mi americanismo no quería convencerse: nuestros papis son asiáticos (contále al viejo que pronto van a exigir su patria potestad). Hay unas figuras en bajorrelieve que son Buda en persona y, todas las características lo demuestran, perfectamente iguales a las de antiguas civilizaciones indostánicas. El lugar es precioso, tanto que hice contra mi estómago el crimen de Silvestre Bonard y me gasté un dólar y pico en comprar rollos y alquilarme una máquina [de fotografía]. Después mendigué una morfada en el hospital, pero no pude llenar la joroba sino hasta la mitad de su contenido. Quedé sin plata para poder llegar por ferrocarril a Guatemala, de modo que me tiré al Puerto Barrios y allí laburé en la descarga de toneladas de alquitrán, ganando 2,63 por doce horas de laburo pesado como la gran siete, en un lugar donde hay mosquitos en picada en cantidades fabulosas. Quedé con las manos a la miseria y el lomo peor, pero te confieso que bastante contento. Trabajaba de seis de la tarde a seis de la mañana y dormía en una casa abandonada a orilla del mar. Después me tiré a Guatemala [la capital] y aquí estoy con perspectivas mejores.

"La próxima más tranquilo, te mando nuevas si las hay... Un abrazo para todos."[110]

AJEDREZ, ARQUEOLOGÍA Y CAMPISMO

El 17 de junio se produce el ataque mercenario a Guatemala, organizado, financiado y dirigido por el gobierno de Estados Unidos, siendo derrocado el régimen progresista. En su condición de argen-

110 Ibídem, pp. 47-50.

tino, Ernesto tiene derecho a permanecer como refugiado en la embajada de su país, y allí pasará varios días hasta que parte para México. Entre sus entretenimientos estaba el de jugar ajedrez con algunos de los exiliados guatemaltecos. También tiene la oportunidad de ir a conocer las ruinas de Atitlán, una de las grandes bellezas de este país y el lago del mismo nombre, circundado de doce pueblitos que llevan los nombres de los doce apóstoles.

X. ESTADOS UNIDOS MEXICANOS, 1954

Luego de un largo recorrido, con paisajes semejantes a los ya vistos en su extenso peregrinar por América, Ernesto y Roberto Cáceres, *Patojo*, guatemalteco, su nuevo amigo —conocido durante el viaje—, arriban a la terminal ferroviaria de la Plaza de Buenavista, en la capital mexicana, bastante estropeados, en una tarde lluviosa y de niebla de fines de septiembre de 1954. Como cuenta con algunos dólares que le envió su familia a la embajada argentina en Guatemala, se hospeda junto con Patojo en una modesta pensión.

FOTÓGRAFO AMBULANTE

El primer trabajo que realizará en Ciudad México es el de fotógrafo ambulante en unión de Patojo, pues como médico no puede ejercer sin hacer la revalidación, que cuesta dinero y demora no menos de un año. Tal como el deporte, desde siempre Ernesto gustó de la fotografía, así como también trotamundear y es de reconocer que las tres cosas las hizo bien. En esta ocasión, la fotografía le permite sobrevivir y conocer la inmensa ciudad de México, sembrada de monumentales construcciones, con su cinturón de favelas miserables.

NATACIÓN

El tiempo libre lo dedicaron a aumentar su cultura, visitar lugares históricos, museos, templos, pirámides, la Ciudad Universitaria y las bibliotecas. Desde su llegada a México la única actividad deportiva que realiza hasta que se convierte en redactor deportivo, es la natación en la pileta de la casa de Petti de Murat, adinerado amigo del padre —a los pocos días de llegar—, pero que dejó de visitar precisamente por eso y tener que buscarse la vida. En octubre, por medio de un conocido, logra que le permitan desempeñar su profesión en el pabellón 21 de alergia del Hospital General de la capital. Por el mes de noviembre su amiga Hilda Gadea llega a México. Pocos días después se encontrará en el hospital con su buen amigo, el revolucionario cubano Ñico López, con lo cual se reanuda la amistad entre ambos y con los demás conocidos en Guatemala. A la vez, aquel le presentará otros cubanos.

REDACTOR DEPORTIVO

A finales de noviembre o principios de diciembre, el joven Ernesto coincide en el tranvía con el paisano Alfonso Pérez Vizcaíno, director de la Agencia Latina, de Argentina, con fachada de empresa particular, pero que en realidad pertenece al gobierno de ese país, con el propósito de que la información "suene" lo más objetiva posible. El encuentro finaliza con la proposición para Ernesto de trabajar como redactor de dicha agencia, en jornadas de tres horas al día e igual número de veces por semana, lo que le permite continuar con sus actividades anteriores. El sueldo, 700 pesos mexicanos. Además, cuenta con la promesa de cubrir como reportero los II Juegos Panamericanos, a celebrarse en marzo de 1955 lo que le proporcionará una paga extra.

TERTULIA DEPORTIVA

Al reanudar la amistad con Ñico y demás cubanos, los encuentros para conversar sobre política se suceden, pero también hablan de deporte, más cuando por esa fecha comenzará a dedicar parte de su tiempo a estar al tanto de lo que ocurre en ese mundo. Sus amigos gustan del béisbol y el argentino del *rugby* y el fútbol. Nos dijo Antonio Darío López, *el Gallego*, que ellos buscaban las noticias del campeonato cubano y de las grandes ligas y el gaucho los de fútbol, *rugby* y otros deportes. Es de pensar que como sus íntimos de esos momentos no tenían inclinaciones futbolísticas, y disponía de poco tiempo libre, se le hizo muy difícil poder corretear de un lado a otro de la cancha y patear la pelota. Sin embargo, puede ir a remar al lago de Tequesquitengo, en Ciudad México.

Por lo investigado, el trabajo de reportero no lo inicia hasta febrero, pues la Agencia Latina le hace entrega de su credencial el 31 de enero de 1955, valedera hasta el 31 de diciembre del mismo año. Ahora, además de reportero gráfico, hará las funciones de periodista, trabajo que no le es ajeno, pues lo ejerció en la revista *Tackle*. También cambiará su horario y día de trabajo, y la paga será mayor. El documento dice:

"La presente acredita al señor Ernesto Guevara Serna, cuya fotografía aparece al margen, en su calidad de reportero de esta Agencia, la que agradecerá las atenciones que se le presten en el cumplimiento de su cargo."

"Gerente y Corresponsal en México. Lic. Alfonso Pérez Vizcaíno."

Desde febrero, el flamante reportero tiene que acudir a muchos lugares, entre ellos las instalaciones deportivas, lo que lejos de desagradarle, es todo lo contrario y a la vez le compensa su peregrinar en la tierra azteca. Así le vemos reportando las delegaciones argentinas que acuden a México a las reuniones previas al evento, o a las actividades que hace el país para garantizarlo.

Por esa fecha comienza a noviar con Hilda, aunque los encuentros con ella serán menores cuando se inician los Juegos.

SÁBADO 12. INAUGURACIÓN DE LOS II JUEGOS DEPORTIVOS PANAMERICANOS

Desde muy temprano el reportero Guevara comenzó sus actividades. Junto con el cubano Severino Rossell y otro compañero, cámara en mano acudió a las oficinas de información del estadio de la Ciudad Universitaria, precisaron algunos detalles de la inauguración y la distribución del trabajo. Salen a recorrer varias instalaciones. En la tarde ocupan los lugares dispuestos para la prensa.

La crónica que veremos a continuación, aparecida en el Diario *El Mundo*, no se puede afirmar que sea o no de Ernesto Guevara, pues Agencia Latina contaba con varios reporteros para dicho evento.

"INÍCIANSE LOS JUEGOS PANAMERICANOS

"MÁS DE CIEN MIL PERSONAS ASISTEN A LA INAUGURACIÓN DEL CERTAMEN

"México. 12 (AL).—En el magnífico escenario ofrecido por el estadio monumental de la Ciudad Universitaria, quedaron inaugurados esta tarde los Segundos Juegos Deportivos Panamericanos, con una imponente ceremonia que contó con la asistencia del presidente Adolfo Ruiz Cortinez, los miembros de su gabinete y del cuerpo diplomático, otras altas autoridades y dirigentes del deporte mundial, encabezados por Avery Brundage, presidente del Comité Olímpico Internacional.

"Desde dos horas antes de la fijada para el acto inaugural de esta fiesta de confraternidad deportiva del Nuevo Continente, el Estadio Monumental, cuya capacidad es para más de 100 000 personas, presentaba un aspecto impresionante, ya que pocos claros se veían en sus amplias graderías, rematadas con mástiles en los que ondeaban las banderas de los países participantes.

"Exactamente a las 17 llegó a la puerta de la Maratón el presidente Ruiz Cortinez y su comitiva, siendo recibido por el general Clark Flores, presidente del Comité organizador de la importante competencia, y otras altas autoridades.

"En medio de grandes aplausos el primer mandatario se dirigió al palco de honor y seguidamente una banda militar atacó los compases del himno nacional mexicano, mientras en los mástiles de honor se izaban la enseña azteca y la olímpica con sus cinco círculos, simbólicos de la unión de todos los continentes. Simultáneamente, en el amplio letrero luminoso que servirá para dar a conocer los resultados de las pruebas que se disputen en el estadio se componía la famosa frase del barón de Coubartín, forjador de los modernos juegos olímpicos: 'En los Juegos Olímpicos lo importante no es triunfar, sino competir.'

"EL DESFILE DE LAS 22 DELEGACIONES

"Un silencio expectante siguió a esta parte del solemne acto, que fue interrumpido por la ruidosa ovación al penetrar en la pista central la primera delegación extranjera, la de Antillas Holandesas que encabezó el desfile por corresponderle el privilegio según el orden alfabético seguido en estas ceremonias.

"Los aplausos se redoblaron al hacerse presente la delegación argentina, vencedora en los I Juegos Panamericanos celebrados en Buenos Aires, cuya columna era encabezada por el abanderado, Enrique Díaz Saénz Valiente. Siguieron luego las restantes 19 delegaciones y por último la representación local, recibida con extraordinario entusiasmo.

"LLEGA GARCÍA CON LA ANTORCHA OLÍMPICA

"Un nuevo compás de inquieta espera se abrió en el Estadio mientras las delegaciones tomaban ubicación en el centro del campo, detrás, un portaestandarte izaba un cartel con el nombre de cada nación existente, y de pronto creció el rumoreo al revelar el cartel luminoso uno de los secretos mejor guardados de la jornada inaugural, anunciando que Eulogio García, el recio campeón mexicano y centroamericano de atletismo, portaba la antorcha con el 'fuego nuevo', traído desde el legendario Cerro de la Estrella, en el centro geográfico del Distrito Federal, donde hace 500 años, los indígenas adoraban las llamas como símbolo del Dios Sol.

"Con el paso elástico, García, luego de tomar la antorcha del último corredor de la posta cuyo itinerario atravesó la ciudad de norte a sur, entró al Estadio por la puerta de la Maratón..., y corriendo por el orden interior de la pista se dirigió al pebetero ubicado junto al Palco de Honor, donde prendió el fuego simbólico que ha de arder hasta el término de la competencia.

"El presidente Ruiz Cortinez avanzó seguidamente ante los micrófonos y con voz solemne dejó inaugurados los Juegos, al tiempo que se efectuaba una suelta de millares de palomas blancas y eran lanzadas a vuelo todas las campanas de la capital, mientras heraldos hacían sonar sus trompetas.

"Por último, el abanderado del equipo mexicano, el especialista de saltos ornamentales Joaquín Capilla Pérez pronunció el juramento olímpico y la magnífica reunión concluyó con una exhibición de bailes típicos mexicanos."[111]

Severino Rosell: "Yo había conocido a Che cuando él pasó por Costa Rica, pues estaba exiliado con otros cubanos por haber participado en las acciones del 26 de Julio, luego nos volvimos a ver en México y reanudamos nuestra amistad. Es por eso que cuando a él lo designan como reportero gráfico y periodístico, para los II Juegos Panamericanos que se celebraron en México en marzo de 1955, nos consiguió a mí y a otro compañero —que no recuerdo si era argentino o venezolano—, trabajo como fotógrafo. El Che sabía tirar buenas fotos, y como el otro también sabía y tenía una ampliadora y un cuartico oscuro en su apartamento, y yo tenía algunas nociones de ese trabajo, hicimos una especie de pequeña cooperativa de fotógrafos para cubrir las competencias, que eran muchas a la vez.

"Con la identificación de reportero en la solapa, entrábamos a todas las competencias. El Che decía el juego que le tocaba a cada uno todos los días. Entonces nosotros tomábamos notas y tirábamos las fotos y después por la noche las revelábamos, lo que terminábamos de hacer en horas avanzadas de la madrugada. En esos días dormimos bastante poco, sobre todo Che, que era quien hacía las crónicas de cada competencia y escribía a máquina por la parte trasera lo relacionado con las tomas. La instrucción que dieron a Che era la de reportar principalmente la actuación de los argentinos. De las fotografías que sacamos, la Agencia escogía las mejores y las otras nos las devolvían, es por eso que parte de ellas yo

111 Periódico *El Mundo*, México, 12 de marzo de 1957, p. 7.

las conservo y te las voy a prestar para que escojas algunas para el libro. Siento decirte, William, que no sé cómo se me perdió un rollito de fotografías donde aparece Che en distintos momentos en Ciudad México y de los Juegos Panamericanos. Recuerdo que había una foto donde él y yo estábamos boxeando."[112]

Entre las tomas que nos entregó Severino se encuentra la que Ernesto hace al equipo de atletismo cubano, entre estos figura Ángel García, al que fuimos a entrevistar a la ciudad de Pinar del Río; pudimos contactar con el que fuera destacado corredor de los 400 metros planos de los años cincuenta, en la capital pinareña.

Encontramos un hombre feliz, que no ha dejado de amar y practicar el deporte, pues a pesar de sus 74 años se mantiene como instructor de atletismo de la Escuela Provincial de Deportes. Conversador fluido, coherente y de extraordinaria memoria, nos contó:

"Me acuerdo de muchas de las entrevistas que me hicieron en Cuba y los distintos países que fuimos a competir y la que me hizo el Che está entre las que tengo en la memoria, pero no porque haya sido él, pues en aquel momento no era lo que llegó a ser después del triunfo de la Revolución Cubana y para nosotros era un periodista más... Pero esos Panamericanos ocupan un lugar destacado en mi mente, pues allí me pasaron cosas agradables y tristes.

"Del equipo cubano el más solicitado para entrevistar era el glorioso Rafael Fortún, pero él no viajó con nosotros, lo hizo después, pero la delegación cubana era muy atrayente por los triunfos obtenidos el pasado año en los Juegos Centroamericanos. En esa oportunidad yo vencí al entonces campeón mundial, el jamaicano George Rodhen.

"Recuerdo que el argentino llegó con otro sin presentarse y se veía que eran fotógrafos por las cámaras. Pero enseguida conversamos amigablemente. Como buen periodista creó un clima favorable, relajado, para hacer su trabajo. Incluso hasta bromeó con nosotros. Nos dijo que le gustaría visitar a Cuba.

112 Entrevista del autor.

"Entre mis recuerdos de aquel encuentro, pues habló con todos los integrantes del equipo, tengo presente que a mí me preguntó que cómo me sentía físicamente, si estaba en condiciones de batir el récord mundial de los 400 metros planos y qué aspiraciones teníamos para las pruebas de relevo. Su simpatía le beneficiaba mucho porque uno se franqueaba con él.

"El argentino dominaba el tema. Sabía de mi triunfo sobre George Rodhen y conocía algo del deporte cubano.

"Las cosas felices estaban dadas por la confianza que tenía en el triunfo y la triste que dio al traste con lo anterior, fue que durante la competencia sufrí una lesión que me impidió terminar la carrera.

"Después que terminó de hablar juntó al grupo y él mismo hizo las fotos.

"Conocí de esa entrevista por el año sesenta y ocho; al conmemorarse el primer aniversario de su muerte visitaba una casa amiga en Viñales y allí me hablaron y me enseñaron la revista donde había salido. Creo que fue *Bohemia*. Me asombré y les dije: ¡Caballeros!, yo no puedo pensar que aquel hombre, que con tanta amabilidad, simpatía y sencillez estuvo hablando con nosotros sea hoy el Guerrillero Heroico."[113]

Ver el desarrollo de los juegos en el anexo dos.

Lo que sucedió durante y después de finalizado el evento, lo relata Ernesto en las siguientes cartas a la tía Beatriz y a su amiga Tita Infante, donde además les informa de manera general de su trabajo en los II Juegos Panamericanos, más la sorpresa recibida.

"Abril 9 (1955)

"Tiiitita:

"Ya sé, soy un desagradecido, mal sobrino, hipócrita, rojillo, etc. Pasó lo siguiente: cuando más entusiasmado estaba en la tarea de contestar la correspondencia atrasada cayó sobre mí el huracán de los II Juegos Deportivos Panamericanos y me entregué a la benemérita tarea de informar detalladamente al público latinoamericano sobre el desarrollo de los eventos, además de proporcionarles bellas

113 Ibídem.

fotografías en las que se aunaban la oportunidad y la belleza. Acabado que fue el magno certamen procedí a hacer las últimas entrevistas a los cosechadores de lauros deportivos. Acabado que fue todo el trajín y felicitado convenientemente todo el personal que cubriera los juegos, un lacónico cable de la Agencia Latina nos informó que ésta cesaba sus transmisiones, y que cada corresponsal hiciera lo que mejor le pareciera con el personal a su cargo (de sueldos, ni una palabra), saber esta noticia y entregarme en cuerpo y alma a la tarea de morderme la cola fueron todo uno. Ayer lo conseguí, perteneciendo desde ese día a la raza de los unicacheticos.

"Mientras se aclara el problema de quién paga los vidrios rotos yo me robé una máquina de la Agencia y me hice prestar unos pesos para tirar hasta que me paguen lo que deben, tomando inmediatamente uno de los caminos que lleven a Villa Diego ...No te contesté antes por el trabajo de los juegos, pero de todas maneras la contestación es la misma, soy pobre pero honrado, como dicen los ladrones...[114]

Veamos ahora lo que dice a su amiga:

"México, abril 10 de 1955

"Querida Tita:

"...Solamente le diré, a manera de información, que tenía el preciado cargo de redactor deportivo de la Agencia Latina, la que funcionaba con capitales emparentados por lo menos con el tata que está en la rosada. Mi trabajo durante los Juegos Panamericanos fue agotador en todo el sentido de la palabra, pues debía hacer de compilador de noticias, redactor fotográfico y cicerone de los periodistas que llegaban de América del Sur.

"El promedio de horas de sueño no pasa de 4 durante los juegos, debido a que yo era también el que revelaba y copiaba las fotografías. Todo este trabajo debía tener su pequeña compensación monetaria en forma de unos $4 000 que me corresponderían luego de tanto trajín, pero ocurrió lo inesperado cuando la Agencia Latina

114 Oficina de Asuntos Históricos del Consejo de Estado.

se fundió sin previo aviso, de la noche a la mañana y sin pagar ni un quinto (mexicanada). Sospecho que todo se debe a alguna oculta transacción entre los tatas (el de la rosada y el de la blanca) o tal vez a que el de la rosada dio las nalgas (cochinada mexicana) sin más ni más, Ud. sabrá eso, mejor que yo, pues aquí todo está pulido por la distancia y no se sabe a qué atenerse(...)"[115]

Severino Rosell: "Cuando se terminaron los Juegos sacamos cuenta. Y a no ser algunos anticipos que pedimos para comprar una cámara, los rollos, el papel y los demás materiales para el revelado, ganaríamos como siete mil pesos, unos quinientos dólares al cambio de aquellos años. Pero cuando fuimos a cobrar, habían cerrado sus oficinas y no se supo nada más de ellos."[116]

Lo que no supo Rosell, es que meses después la Agencia Latina pagó finalmente a Ernesto los honorarios pendientes, y el exiliado cubano no pudo cobrar nada, pues había regresado a su país, debido a la amnistía política que la tiranía otorgó en mayo del mismo año.

CONGRESO CIENTÍFICO. PROFESOR

Por lo investigado, conocemos que por esa fecha Ernesto le prestó más atención y dedicó mayor tiempo a la medicina, tan así es, que en un congreso mexicano de alergia el doctor Ernesto Guevara lee su trabajo sobre la alergia. Esta exposición logra que por fin la dirección del Hospital General de México, luego de haber trabajado más de siete meses sin sueldo y de presentar varios estudios sobre dicha especialidad, le concediera la mencionada beca de interno en el alto centro de salud.

De su labor científica el doctor David Mitrani dijo: "Ernesto aparte de trabajar en el Instituto de Cardiología, por la noche era profesor

115 Ernesto Guevara Lynch: ...*Aquí va un soldado de América*. Ed. cit., pp. 91-92.
116 Entrevista del autor.

asistente en las prácticas de Fisiología Humana en la vieja Facultad de Medicina...[117]

A partir del mes de mayo, Ernesto se muda para la casa de Hilda y se unen maritalmente, hasta que pueda efectuarse la boda, ya que existían muchos inconvenientes para oficializarlo debido a su condición de extranjeros.

ALPINISMO

En una carta a sus padres del 20 de junio de 1955, expresa su satisfacción por la práctica de este deporte.

"Noticias mías propias hay poco que contar, salvo que asalté el Popo —así se le llama familiarmente— e hicimos derroche de heroísmo, sin poder llegar a la cima; yo estaba dispuesto a dejar los huesos para llegar, pero un cubano que es mi compañero de ascensiones me asustó porque tenía los dos pies helados y tuvimos que bajar los cinco. Cuando habíamos bajado unos 100 metros (que a esa altura es mucho) paró un poco la tempestad y se fue la bruma, y entonces nos dimos cuenta de que habíamos estado casi al borde del cráter, pero ya no podíamos volver. Habíamos estado seis horas luchando con una nieve que nos enterraba hasta las verijas en cada paso y con los pies empapados, debido al poco cuidado de llevar el equipo adecuado (yo todavía tengo las botas de Roberto).

"El guía se había perdido en la niebla esquivando una grieta, que son algo peligrosas, y todos estábamos muertos del trabajo que daba la nieve tan blanda y tan abundante. A la bajada lo hicimos en tobogán tirándonos barranca abajo como en las piletas del Sierras y con el mismo resultado, pues llegué abajo sin pantalones. El cubano no sube más, yo en cuanto junte los pesillos necesarios para hacerlo me largo de nuevo al Popo, sin contar que para septiembre tengo el Orizaba.

117 De la entrevista realizada por Marta Rojas.

"Las patas se me descongelaron al bajar, pero tengo toda la cara y el cuello quemado como si hubiera estado un día entero bajo el sol de Mar de Plata; en este momento tengo la cara que parece la copia de Frankestein entre la vaselina que me pongo y el suerito que me sale de las ampollas que se ha formado; además, tengo le lengua en las mismas condiciones porque me di un atracón de nieve. El andinismo es precioso y lo único que me acompleja es que en esta última vez subió conmigo un viejo de 59 años que trepaba mucho mejor que nosotros. Era un viejo igualito a Cara de Ángel, que empezó diciendo que su mamita le había dicho que estaba loco en venir, empezó a subir y se nos fue el alma a los pies, porque trepaba como una cabra."[118]

Con relación a la subida del volcán Popocatépetl, el doctor León Bessudo cuenta a Marta Rojas: "Yo soy alpinista desde pequeño y todos los años voy a Popocatépetl, menos cuando estuve fuera del país. Es por eso que Guevara sube con nosotros al volcán. Yo lo conocí por medio del doctor Salazar Mayen, en el laboratorio del hospital. Pero es el doctor Mitrani quien me habló de que Guevara quería llegar al cráter de ese volcán. Yo acepté, aunque le pregunté si tenía el entrenamiento suficiente. Mitrani se lo hizo saber y luego yo hablé con él en el Instituto de Cardiología y le expliqué cómo era la ascención.

"La subida al cráter es muy difícil. Tiene 12 kilómetros aproximadamente a partir de donde se inicia el recorrido. Como se requiere de un equipo especial para hacerla, quien no lo tenga no lo aceptamos. A Ernesto se lo conseguí en la Universidad. Él realiza la subida sin ningún problema, solo que en ocasiones cuando nos deteníamos, sacaba su inhalador y se lo llevaba a la boca, fue por eso que me entero de que es asmático. En 1955 él era muy joven, fuerte, porque lo noto en la manera de subir. Lo hizo con la misma velocidad que subimos todos, que ya teníamos experiencia.

"En el cráter del Popocatépetl el clima es muy curioso. Si sopla el viento se congelan hasta los huesos, y si no sopla hay que quitarse

118 Ernesto Guevara Lynch: ...*Aquí va un soldado de América*. Ed. cit., pp. 106-107.

la ropa a pesar de estar en la nieve. Es decir, por la altura y por el sol el sitio se vuelve muy caluroso. Entonces hay que quitarse ropa y subir en camisa. Junto al cráter nos tiramos varias fotos, yo le tiré una a él, pero no sé dónde están. El día que subimos con Guevara estaba muy nublado, pero no soplaba el viento, se podía subir fácilmente. Sin embargo, luego hizo frío y a algunos de los compañeros se les congelaron los dedos de los pies y tuvieron que ir al hospital cuando bajamos. Como no teníamos muchos recursos económicos, nos adherimos al grupo que salía de la Universidad para que nos transportara hasta el Flamas, donde se inicia la subida. Al siguiente día, al descender del volcán cada cual tomó el transporte como pudo y de acuerdo a sus posibilidades..."[119]

Bessudo en esta entrevista contó que en el interés de Ernesto por subir el Popocatépetl era el de llevar una bandera de su país, al igual que hacen otros extranjeros, costumbre que se realiza el día de América, pero en carta del 7 de octubre de 1955 es que se refiere a esto, o sea, cuando ya ha subido dos veces. Realmente su principal motivación de llegar a la cima del volcán es la de su inclinación al alpinismo, como se ha podido ver a todo lo largo de su vida.

ENCUENTRO CON RAÚL CASTRO

El 24 de junio de 1955 llega a Ciudad México Raúl Castro, en calidad de exiliado político. Conocedor de la existencia de la cubana María Antonia, que ayuda a sus compatriotas, fue a visitarla y según testimonio de ella, esa misma noche conoce a Ernesto, que estaba allí con otros cubanos. Desde el primer momento hay plena identificación entre ambos y surge una amistad que cada día se hará más estrecha y que los convertirá en entrañables hermanos de lucha.

Días más tarde Fidel se ve obligado a salir de Cuba, pues la tiranía amenaza su vida y viaja a México. El jueves 7 de julio de 1955, parte

119 De la entrevista realizada por Marta Rojas.

rumbo a Mérida donde aborda otra nave aérea hasta Veracruz; al otro día se trasladará a Ciudad México en ómnibus.

PREPARÁNDOSE PARA SUBIR EL ORIZABA

"Mi vida diaria transcurre bastante monótona en sus seis días hábiles para poner morrocutada el séptimo. Pienso ir de nuevo al Popocatépetl como entrenamiento para atacar el pico de Orizaba en septiembre, pues éste ya exige cierto grado de pericia y resistencia. Dicen que es precioso pues se asciende desde las laderas completamente tropicales (está en Veracruz) hasta la cima más alta del país; naturalmente que las alturas no son extraordinarias —yo en el Perú estuve a 5 000 metros en un camión pero la ascensión de esta forma es arriesgada y fatigosa y de todas maneras el pico principal está cerca de los 6 000 metros..."[120]

120 Oficina de Asuntos Históricos del Consejo de Estado.

XI. ERNESTO CONOCE A FIDEL

Una noche de finales de julio, Fidel, Che y Raúl se encuentran en el apartamento C, del edificio de Emparán 49, en la planta baja, al que se llega luego de atravesar un corto pasillo. La vivienda está compuesta de una pequeña sala comedor, al frente una habitación con el baño a la derecha, a la izquierda la pequeña cocina y el patio. Muebles sencillos conforman el reducido habitat. Todos visten ropa de invierno. Se produce la presentación de Ernesto, que se muestra parco, en contraposición a la espontaneidad y fácil palabra de Fidel, quien incesantemente habla y camina de un lado a otro de la pequeña sala.

Fidel: "Fue un día del mes de julio o agosto de 1955 cuando conocimos al Che. Y en una noche... se convirtió en un futuro expedicionario... Pero en aquel entonces aquella expedición no tenía ni armas ni tropas. Y fue así como, junto con Raúl, el Che integró el grupo de los dos primeros en la lista..." [121]

Ernesto: "Lo conocí en una de esas frías noches de México, y recuerdo que nuestra primera discusión versó sobre política internacional. A las pocas horas de la misma noche —en la madrugada— era yo uno de los futuros expedicionarios..."[122]

121 Fidel Castro: Discurso pronunciado por el Comandante Fidel Castro Ruz en la velada solemne en memoria del Comandante Ernesto Che Guevara. En Ernesto Che Guevara: *Obras 1957-1967*. Casa de las Américas,La Habana, 1970, t. I, p. 11.

122 Ernesto Che Guevara: "Una revolución que comienza" . *Obras 1957-1967*. Ed. cit., t. I, p. 192.

Es de suponer que posteriormente a este encuentro, como el líder cubano fue un excelente deportista y no ha dejado de serlo, la conversación sobre el tema también debió surgir entre ellos.

LA BODA DE ERNESTO

Debido a que Hilda está en estado de gestación deciden buscar la forma de oficializar su unión y la boda se realizó en Tepozotlán, un pintoresco poblado a pocos kilómetros de Ciudad México, en la agradable mañana del jueves 18 de agosto de 1955. Esa noche, con un pequeño grupo, entre los que se encontraban Fidel y Raúl, festejaron el acontecimiento.

Para esa fecha ya se puede considerar que Ernesto se encuentra enfrascado en el inicio de una verdadera lucha, a partir del hecho de que ya ha conocido a Fidel y ha aceptado formar parte de la futura expedición revolucionaria.

ALPINISMO Y REMO

Todo parece indicar que el deporte más practicado por Ernesto en México fue el alpinismo. Del intento de subir el Orizaba y de una nueva incursión al Popocatépetl, dijo a su tía:

"No subí al pico de Orizaba pero mañana parto para el Popocatépetl, donde subiré con la bandera del sol ardiente. Es una gran ceremonia que se realiza en la cima del volcán y a donde van alpinistas de todos los lados, llegando el número a 5 000. Si sale alguna foto buena de la ascensión, te la mandaré."[123]

123 Ernesto Guevara Lynch: *...Aquí va un soldado de América*. Ed. cit., p. 114.

ACTIVIDADES VARIAS

Con la amistad de Fidel, Raúl y otros cubanos, es evidente que gran parte del tiempo libre Ernesto lo dedica a estar con ellos, lo cual le proporciona crecientes conocimientos acerca de la situación cubana y su histórica lucha. Con su mujer sigue realizando los paseos, visitas a museos y lugares históricos, gustan de ir al bosque de Chapultepec, a remar y al cine. Además, asiste a algunos eventos deportivos, en especial a los de fútbol, mientras sigue atento a los campeonatos de este deporte en su país.

ARQUEOLOGÍA

Una verdadera sorpresa resultó para Ernesto, recibir el pago de su trabajo como reportero de los II Juegos Panamericanos, transcurridos ya más de seis meses de efectuados. Este dinero le servirá para viajar a la región de Yucatán, con el fin de conocer las ruinas Mayas, lo que realizó en noviembre acompañado de su esposa.

PESCA

Satisfechos sus deseos arqueológicos viajan a Veracruz. Recorren la ciudad y el puerto, donde establece amistad con unos pescadores y una madrugada se va con ellos. Se deleita pescando hasta la media tarde. La cosecha es grande, pero comer pescado le renueva el asma, que por suerte él neutraliza con sus medicinas.

NATACIÓN

Los turistas disfrutan de la playa del Mocambo, donde nadan, pasean en lancha y toman fotos. Él decide regresar en barco hasta el puerto más cercano a la capital azteca.

SIEMPRE QUE PUEDE PRACTICA EL ALPINISMO

El nuevo año 1956 ha de ser de extraordinaria actividad para Ernesto, quien seguirá con su trabajo en la sala 21 de alergia del Hospital General. Por lo que dice a su tía en una de sus cartas, continúa practicando el alpinismo: "...Estoy fuerte, optimista, subo frecuentemente a los volcanes, voy frecuentemente a visitar ruinas..."[124]

ERNESTO ES PADRE

El 15 de febrero de 1955 nació su primera hija, a la que nombran Hilda Beatriz. Ernesto continúa residiendo en su casa y mantiene el trabajo del hospital, aunque algunos días se incorpora a las subidas de las montañas cercanas a la capital, lo que como se sabe, ya viene realizando desde antes como su deporte preferido en el país azteca.

ACTIVIDADES DEPORTIVAS CON FINES GUERREROS

Con la llegada de varios cubanos militantes del Movimiento 26 de Julio, se inicia el entrenamiento físico, al que se une Ernesto. Primeramente llevan a cabo un plan de largas marchas por las vías de la inmensa urbe, también alquilan botes para remar en el lago de Chapultepec. Días después comienzan a asistir al gimnasio de Bucarelli 18, entre General Prim y Lucena, donde reciben clases de defensa personal, a la par que juegan baloncesto y nadan en la piscina. El responsable de toda la instrucción es Arsacio Vanegas, quien por ser luchador domina la materia. Esto le servirá además de recreación.

124 Ibídem, p. 122.

AJEDREZ

A los entrenamientos físicos se unen en lo adelante las clases o conferencias teóricas sobre táctica guerrillera, lucha en la ciudad y otros tópicos militares, impartidas por el ex coronel del ejército de la República Española, Alberto Bayo. La relación con el profesor le proporciona a Ernesto poder jugar ajedrez, ya que el primero es amante del juego ciencia.

EL ALPINISMO Y EL TIRO COMO ENTRENAMIENTO MILITAR

Los futuros expedicionarios pasan de las caminatas al escalamiento de montañas, lo que realizan en grupos pequeños. El punto de reunión ahora es el cine Linda Vista, al norte de la capital azteca; como parte del entrenamiento deben caminar desde donde viven, hasta ese lugar. La primera ascención es la del pico Zacatengo, de menor altura, luego viene la del Chiquihuite. Las primeras marchas se hacen sin carga. Para Ernesto este ejercicio no resulta desagradable ni difícil, pues lo ha practicado desde niño y en rigor, lo disfruta.

A los ejercicios físicos se unen ahora los de tiro, realizados en el campo de tiro Los Gamitos, en las afueras de la ciudad. Al tiro, Ernesto no falta. Aunque conoce el manejo de las armas desde niño, ahora se prepara para la guerra y pone todo su empeño para hacerlo de la mejor forma.

En medio del ambiente campestre estará el gaucho sentado en un banco —una de las distintas posiciones— con un fusil de caza 30.06 de mira telescópica, apoyado en un soporte situado sobre una mesa; apunta a una esfera metálica de unos 40 *cm*, situada a 600 *m*, aprieta el gatillo varias veces y el detonar de los disparos, junto con el sonido del impacto en el blanco, rompen el silencio que los envuelve a todos. Fidel, que lo observa con un telescopio, sonriente asevera con la mano cerrada y el pulgar levantado.

Desde el inicio del tiro, comienza en firme el entrenamiento guerrillero en las alturas que rodean Los Gamitos. Para esta etapa cargan el equipo de campaña: mochila con bastante peso, cananas con balas y fusil; las marchas son en muchos tramos forzadas, sin agua ni alimento, con simulacros de emboscadas y disparos, lo que hace que el ejercicio sea más duro cada día. Además, se anota el aprovechamiento de cada hombre en el tiro, resistencia física, habilidad y reacción ante las sorpresivas emboscadas y tiroteos, actitud de mando, capacidad de decisión, lo que, unido a la disciplina, dará una evaluación final de cada uno.

A PESAR DEL ENTRENAMIENTO PUEDE JUGAR AJEDREZ

Concluidos los entrenamientos en los alrededores de la ciudad, se hace necesario ampliarlos, para lo cual se busca otro lugar. Es por eso que alquilan el rancho Santa Rosa, donde se envía el primer grupo, de los que han pasado las pruebas de Los Gamitos. Con ellos va la valoración de cada hombre; la de Ernesto, con fecha 17 de mayo de 1956, dice: "Asistió a 20 prácticas regulares disparando un aproximado de 650 cartuchos. Disciplina excelente, cualidades de mando excelentes, resistencia física excelente. Algunas planchas disciplinarias por pequeños errores al interpretar órdenes y leves sonrisas." [125]

En el rancho, luego del tiro realizan las marchas diurnas, de 5 ó 6 kilómetros, con bastante peso en las mochilas, más el fusil, 250 tiros y cantimplora. Luego se extiende a 8 ó 9 kilómetros; la última etapa es de noche, a partir de las 20:00 horas, hasta el amanecer. El recorrido deben de hacerlo orientándose por brújula, en silencio, sin fumar; en algunos tramos hay que valerse de sogas para caminar en total oscuridad y pasar farallones. En otros avanzan a rastras, o marcha forzada. Algunas noches duermen al aire libre y hacen las guardias con temperatura a punto de congelación. Terminado el intensivo cursillo, el grupo se marcha y viene otro, aunque Ernesto

125 Oficina de Asuntos Históricos del Consejo de Estado.

en su condición de médico y jefe de personal debe permanecer en el rancho.

En aquellos días pudo jugar ajedrez frecuentemente con el jefe del campamento, Alberto Bayo, quien dirigió el entrenamiento guerrillero. Sobre esos partidos este escribió: "Además, Guevara y yo, éramos los dos únicos ajedrecistas de igual fuerza que estábamos en el campamento, y a la luz de un cabo de vela de llama oscilante, bailadora y juguetona, nos echábamos todas las noches grandes partidas de ajedrez a 'cara de perro'.

"Aunque se indigne y eche los pies por alto diré —ahora que no nos oye— que yo era mejor que él y le ganaba más partidas que las que él me ganaba a mí."[126]

PRISIÓN. BÉISBOL, AJEDREZ Y OTRAS RECREACIONES

El jefe revolucionario Fidel Castro y varios miembros de su organización son detenidos el 20 de junio por la Policía Federal mexicana, hecho instigado y pagado por la tiranía cubana. Entre los que serían apresados en los próximos días se encuentra Ernesto Guevara. Durante su encierro y con el fin de no atormentarse, leen todo lo que les llevan y como les permiten salir a tomar el sol al patio, improvisan juegos de béisbol, de tres esquinas. Será la primera vez que Ernesto practique el deporte nacional de los cubanos, aunque no realmente como se juega, ni con las reglas establecidas. También disfruta del ajedrez, parchís, damas y la visita de familiares y amigos.

Es evidente que lo que más jugó Ernesto en esta etapa fue el ajedrez. Alfonso Guillén Zelaya, mexicano detenido por formar parte de la organización revolucionaria y amante del juego ciencia, nos contó que él era de los que más competía con Che y que recuerda

126 Alberto Bayo: *Mi aporte a la Revolución Cubana.* Imprenta Ejército Rebelde. La Habana, 1960 p. 76.

que este realizó una partida a ciegas con varios de ellos, demostrando que dominaba muy bien el tablero. Esto nos lo confirmó también el Comandante de la Revolución Ramiro Valdés.

La mayoría de los detenidos fueron puestos en libertad, entre el 6 y el 27 de julio, y el 31 del mismo mes salen de la prisión el gaucho y un cubano, quienes son los últimos por no contar con los documentos migratorios en orden; además, les exigen que deben abandonar México en cinco días. Ernesto permaneció 37 días en la cárcel. A partir de la fecha fijada para dejar el país, vivirá clandestinamente en espera de salir para Cuba.

Por esa fecha, Ernesto y su compañero cubano que no tiene los papeles en orden, se mudan para Toluca, capital del Estado de México. Ambos deben seguir clandestinos en espera de la salida para Cuba, pues se hace muy difícil legalizar su estancia en el país. Por supuesto, también se les hace difícil practicar deportes.

En septiembre, al estar seguro de que la persecución de los federales había sido suspendida y con la autorización debida, Ernesto comienza a ir a su casa los fines de semana y sale a pasear con la niña por distintos lugares de la capital, al cine o al teatro, cuando no se queda en la casa leyendo y tomando mate. Además de la felicidad de estar con los suyos, la permanencia en la capital le hace bien, pues la estancia en las zonas tropicales, o cerca del mar, le producen repetidos ataques de asma.

EL DEPORTISTA SE CONVIERTE EN GUERRERO

Con relación a la salida y la travesía de la expedición revolucionaria, Ernesto escribió un largo artículo, del que escogemos algunos párrafos:

"En fin, el 25 de noviembre de 1956, a las dos de la madrugada, empezaban a hacerse realidad las frases de Fidel, que habían servido de mofa a la prensa oficialista: 'En el año 1956 seremos libres o seremos mártires.'

"...Cruzamos la boca del puerto yucateco y, a poco más, se encendieron las luces..." [127]

Su responsabilidad en aquel contingente armado fue de Teniente Jefe de Sanidad.

Ya a la vista de las costas cubanas, la impaciencia los devora después del anuncio del cercano desembarco. En los Cayuelos, 2 kilómetros al este de playa Las Coloradas, municipio de Niquero, en el sur de Oriente, encalla el yate *Granma*, lo que provoca el desembarco a las 06:00 horas del 2 de diciembre de 1956.

La situación del pequeño ejército revolucionario y el propio grado de extenuación de Ernesto queda certeramente dibujado en su diario: "Tardamos varias horas en salir de la ciénaga, a donde la impericia e irresponsabilidad de un compañero que se dijo conocedor nos arrojara. Quedamos en tierra firme, a la deriva, dando traspiés, constituyendo un ejército de sombras, de fantasmas, que caminaban como siguiendo el impulso de algún oscuro mecanismo síquico. Habían sido siete días de hambre y de mareo continuos durante la travesía..." [128]

Tal vez Ernesto no lo haya tenido en cuenta en un momento tan difícil, pero en su caso la práctica de los deportes desde muy niño le proporcionó un fuerte desarrollo físico para vencer la dura prueba a la que es sometido y las futuras a las que tendrá que enfrentarse.

127 Ernesto Che Guevara: "Pasajes de la guerra revolucionaria". *Obras 1957-1967*. Ed. cit., t. I, p. 194.

128 Ibídem, pp. 195-196.

XII. CUBA. ACTIVIDAD DEPORTIVA EN LA SIERRA MAESTRA

Como nuestro propósito es dar a conocer las actividades deportivas de Ernesto Che Guevara, no tocaremos su bregar guerrero en Cuba, el que además ha sido divulgado y por ende conocido. Solo diremos que rápidamente el asmático Jefe de Sanidad se convirtió en el primero de los guerrilleros en ser ascendido al grado máximo: Comandante, producto de sus méritos combativos e inteligencia.

Es natural que el argentino, desde que comenzara a relacionarse con los cubanos en Guatemala y México, pudiera conocer más detalles acerca del deporte nacional de Cuba: el béisbol o la pelota, como más se le llama en nuestro país. Pero lo más seguro es que desde que intima con Camilo Cienfuegos —en la Sierra Maestra, pues antes no se habían conocido—, su entrañable compañero de lucha, su vinculación con este deporte se acrecienta, pues su nuevo amigo era un ferviente simpatizante del béisbol y a la vez muy buen pelotero.

La primera referencia que tenemos de que Che realizara en Cuba una actividad deportiva, la viví personalmente, pues al incorporarme al Ejército Rebelde en la Sierra Maestra, jugué varias partidas de ajedrez con él, en su campamento de El Hombrito. De todas ellas, que fueron varias, recuerdo haber ganado muy pocas y siempre he pensado que más bien se dejaba ganar, para que yo no me desilusionara.

La segunda referencia nos la contó Pablo Cabrera Piloto, que estaba en su tropa. Nos dijo que una tarde en el campamento de la

Otilia, se encontraban Che, Camilo y otros compañeros; que Camilo se había agenciado unos guantes y una pelota de béisbol y organizaron en el área del secadero de café un juego de pelota, con dos bases. Los equipos eran de seis jugadores: receptor, *pitcher*, primera, segunda y dos *files*, capitaneados por Che y Camilo, los dos como lanzadores.

Hay que imaginarse los deseos que tendrían de jugar, pues el terreno es bastante irregular y a cada rato la pelota rodaba pendiente abajo, por lo que costaba bastante trabajo encontrarla. Agregó Pablito que el encuentro fue ganado por el equipo de Camilo, no sin antes tener lugar buenas discusiones por los intentos de picardía de ambos bandos. Aroldo Cantallop nos dijo que formó parte del equipo de Camilo y confirmó que las cosas sucedieron como lo cuenta Pablito. Recuerda entre los jugadores a Ramiro Valdés, Geonel Rodríguez, Wilfredo Lara, Fernando Virelle, etcétera.

Estos partidos no fueron muy frecuentes, pues la Otilia se encontraba bastante lejos del campamento principal de Che y Camilo ocupaba una posición igualmente retirada. El también integrante de su tropa, Elgin Fontaine, recuerda que en una ocasión que fue a ver a Che a la Otilia, le llamaron la atención dos cosas del Comandante, la primera, verlo con un rebelde —ambos con guantes—, tirándose una pelota; la otra, que estaba sin camisa.

BOXEO

Otra referencia nos viene de Sergio del Valle, médico guerrillero de la columna de Che en aquel entonces. Nos cuenta que así como Camilo consigue los guantes y la pelota para jugar béisbol, también lo hace para agenciarse dos pares de guantes de boxeo, lo que le permitía practicar este deporte, él recuerda que lo hizo con Camilo y también con Che.

El ajedrez lo practicaba también con Geonel Rodríguez, oficial de su columna y estudiante de ingeniería, quien cayera combatiendo en esas montañas, o con algún compañero que conociera cómo jugarlo y que pasara por su puesto de mando.

COMPETENCIA DE TIRO

En la campaña de Las Villas, en ocasión de la visita que hace Camilo a Che en las lomas del Escambray realizan una competencia de tiro, donde los dos empataron en la puntuación, nos contó Sergio del Valle. Debemos agregar que tanto en la Sierra Maestra como en las montañas del Escambray pudo practicar el hipismo. En este caso por necesidad.

XIII. TRIUNFO DE LA REVOLUCIÓN. AJEDREZ, PESCA, GOLF, FÚTBOL, TIRO, BÉISBOL Y *SOFTBALL*

Alcanzado el triunfo revolucionario, el comandante Ernesto Che Guevara deviene uno de sus principales dirigentes. Pero las tareas son abrumadoras, por lo que no dispondrán de mucho tiempo para la práctica deportiva, a lo que en el caso de Che se une su padecimiento asmático; sin embargo, las nuevas ocupaciones no serán motivo para dar la espalda completamente a esas actividades que tanto le gustaban, y cada vez que le fue posible las llevó a cabo. En 1959 no le es posible realizar algunas de ellas, pues tanto el asma, que lo obligó a guardar cama como un largo viaje de trabajo por varios países no se lo permitieron. No obstante, una noche pudo acompañar a Fidel a presenciar un desafío de béisbol, al que también asistieron Camilo Cienfuegos y el escritor estadounidense Waldo Frank.

Felipe Guerra Matos, el primer director de lo que fuera la Dirección Nacional de Deportes, nos dijo que desde que asumió el cargo, a mediados de enero de 1959, recibió el apoyo de Fidel, Celia, Che y Camilo. En el caso de Che, eran frecuentes sus llamadas y visitas para interesarse por el incremento del fútbol y el ajedrez, le gustaba mucho el boxeo y empezó a interesarse por la pelota debido a la influencia de Camilo. En oportunidades en que no contábamos con dinero para que una delegación de ajedrecistas viajara al extranjero, siempre se podía contar con el apoyo de Che —nos dijo Guerrita, y agregó: Para mí él fue uno de los principales promotores de la actividad masiva del deporte en nuestro país.

Como hemos descrito, Che incluye otro deporte en la larga lista de los que practicó: el béisbol, desde que conoció a los cubanos, y en México y en la Sierra Maestra lo jugó de manera informal. Luego del triunfo revolucionario lo aprende a jugar debidamente, y participó y presenció numerosos partidos junto a Fidel, Camilo, Raúl y otros compañeros.

De la misma manera practicó en su escaso tiempo disponible el ajedrez, el fútbol, el golf, la natación, la pesca, el tiro y el *softball*. También fue espectador de muchos eventos deportivos, en especial los de ajedrez, fútbol, béisbol y boxeo, de los que, afortunadamente de la mayoría, existe constancia fotográfica.

1960. LA FAENA AJEDRECÍSTICA DEL COMANDANTE GUEVARA EN CUBA

Por las investigaciones realizadas, sabemos que la disciplina deportiva que más practicó Che en Cuba fue el ajedrez —a la vez que se convirtió en uno de sus más fervientes impulsores, para llevarlo a una práctica masiva—. Consideramos que esto fue debido a que los demás deportes que a él le gustaban, requerían trasladarse a los terrenos y lograr una mayor cantidad de participantes.

Cuando Paul Keres, el afamado Gran Maestro Internacional soviético, visita a Cuba invitado por la Federación Cubana de Ajedrez, para participar en la Semana de Keres en La Habana, el comandante Guevara pudo conocerlo durante una recepción ofrecida por una delegación de este país que visitaba la isla. El encuentro fue el viernes 12 de febrero de 1960, en el cual el tema del ajedrez fue el principal. También se habló de la posibilidad de enviar un equipo de ajedrecistas cubanos a las Olimpiadas que se efectuarían ese año en la entonces República Democrática Alemana.

En efecto, se acordó asistir a dicho evento, pero se carecía de los recursos económicos para hacerlo, por lo que José Luis Barreras, Comisionado Nacional de dicha disciplina solicitó ayuda de algunos compañeros, entre ellos Che, que fue el que más apoyó la idea de que nuestro país pudiera participar.

PESCA

En Cuba se venía realizando el concurso o campeonato de la pesca de la aguja, del que fue máximo inspirador Ernest Hemingway desde 1950, por lo que desde esa fecha lleva su nombre. En el torneo de mayo de 1960 se oficializó por el Gobierno Revolucionario con el nombre del Premio Nobel de Literatura, quien no dejó de participar como amante de la pesca, amén de ser muy diestro en dicho deporte. En el celebrado ese mes y año, Fidel, que gusta de esa disciplina, tomó parte, representando al equipo Amigos del Mar.

En el segundo día de esa competencia, Che acompañó al Comandante en Jefe, llevando consigo a su querida madre, Celia de la Serna, quien en unión de su hijo disfrutó de la pesquería y recordaron los tiempos en que la realizaban en su país. En la pesca deportiva suelen pasar horas sin que el pez se "anzuele" y como así sucedió esa vez, los tripulantes tuvieron la oportunidad de conversar largamente, también Che aprovechó para continuar la lectura del libro *Días y noches*.

Por lo que hemos podido conocer, Che y Hemingway no coincidieron, pues el gaucho no asistió el día final del evento. En este torneo Fidel conquistó el campeonato individual y dos segundos lugares.

En la reseña que aparece en el diario *Revolución* el 17 de mayo de 1960 sobre el evento, se leen unas declaraciones del Comandante en Jefe, donde hace mención de la participación de Che, titulada: "Fidel en la pesquería" (a bordo del yate *Cristal*).

"Fidel había competido con gran entusiasmo en los dos primeros días y esperaba en la justa final conseguir lo que definitivamente habría de darle el triunfo. Comentó que se había hecho acompañar del Che para que en el conteo no le pudieran hacer cuentos porque él sabía mucho de números. Conjuntamente con el Che se encontraba a bordo del yate la señora madre del doctor Guevara, la cual siguió atentamente las actividades...

"Al retornar a Barlovento los que iban en el yate contemplaron como el Che se interesaba por los pequeños pez pega que se adhirieron a la aguja y los cogió y los volvió al mar..."[129]

Sin embargo, en entrevista con Miguel Bel, al que todos conocemos por Blacamán, experto pescador, en especial de la aguja y otro de los promotores del torneo Hemingway, quien fue asesor de Fidel desde el inicio de la competencia, nos dijo que recuerda que Che y su mamá acompañaron al Comandante en Jefe en el segundo día y cuando se encontraban en alta mar se cruzaron a pocos metros de distancia con el yate *Pilar*, capitaneado por el afamado escritor e intercambiaron saludos.

Blacamán nos enseñó numerosas fotos tomadas dentro del yate *Cristal*, donde aparecen Fidel, Che y él. En las correspondientes a la entrega de los premios no figura el gaucho. Como ves, William, parece que el periodista se confundió, pues Che no estaba ese día. Nos dijo el viejo deportista.

De Celia de la Serna, nos dijo que ella le habló de la pesca del dorado de agua dulce en su país y lo mucho que le gustaba este deporte y agregó: Cuando terminó el concurso, yo salí con ella y Che a dos pesquerías más y logramos coger magníficas presas.

1961. CREACIÓN DEL INDER

La Dirección Nacional de Deportes se desarrolló y dio lugar a la creación del Instituto Nacional de Deportes, Educación Física y Recreación, INDER, el 23 de febrero de 1961, cuyo primer presidente fue José Llanusa Gobel. En entrevista con este, nos dijo que Che mantuvo siempre su apoyo al deporte y en forma particular el impulso del fútbol y el ajedrez, como lo venía realizando desde el triunfo de la Revolución. Por Llanusa conocimos también que por ese tiempo comenzó a frecuentar el campo de tiro "Raúl Podio", al oeste de la

129 Periódico *Revolución*, 17 de mayo de 1960.

capital y que estuvo a punto de participar en uno de sus campeonatos, lo que finalmente no pudo efectuar por falta de tiempo.

GOLF

También en la prensa encontramos que el 29 de marzo de 1961, Che y Fidel realizan un partido de golf en los campos del Club de Golf Villarreal. Para Fidel sería su primer juego. Entre los presentes vemos al comandante Guillermo García y al capitán Antonio Núñez Jiménez, quien también participó en la competencia. Al entrevistar a este último, nos facilitó un artículo que escribió sobre el hecho.

Antonio Núñez Jiménez: "Al buscar emplazamientos para futuros centros escolares, Fidel, el Che y el autor recorremos la zona de Bacuranao, al Este de la Ciudad de La Habana. Al llegar a las Colinas de Villarreal, nos damos cuenta de que estábamos sobre un campo de golf. Es el 29 de marzo de 1961.

"El Che seguramente que acordándose de los tiempos en que ocasionalmente trabajaba como *caddie* en Alta Gracia, Argentina, y habiendo perfeccionado el golf posteriormente en su época estudiantil, acepta la invitación de Fidel para jugar su primer partido.

"Mientras conversamos, varios vecinos de la región se aglomeran alrededor de sus dirigentes.

"Para sorpresa de todos, en el primer hoyo, distante a unos 370 metros, Fidel logra el pimer lugar. Se pone sus gruesos espejuelos de aro negro, toma el palo en sus manos y da con éxito a la pelota. El Che no sale de su asombro.

"—He empezado muy bien esta tarde y le puedo ganar perfectamente al presidente Kennedy —dice Fidel.

"En el segundo hoyo, el Che afina su puntería y esta vez triunfa. Ahora es el Che quien expresa, riendo, que le puede ganar al presidente Eisenhower.

"Durante horas recorremos los extensos campos de golf por una distancia de 7 kilómetros, donde jugamos sus 18 hoyos, tras los cuales el comandante Guevara queda en primer lugar.

REPÚBLICA ARGENTINA

Universidad de Buenos Aires

Facultad de Ciencias Médicas

El Rector de la Universidad y el Decano de la Facultad

Por cuanto: Don Ernesto Guevara natural de Santa Fe de veinticuatro años de edad ha terminado el 11 de abril de 1953 los estudios correspondientes al curso de Medicina.

Por tanto: de acuerdo con lo que dispone el inciso 5.º del artículo 2.º de la Ley N.º 13031 le expedimos el presente título de Médico

Buenos Aires, 12 de junio de 1953.

Diploma de médico.

ATINA

CREDENCIAL

Credencial de la Agencia Latina.

Remando en el lago Tequesquitengo. México.

Foto tomada en los II Juegos Panamericanos por Che, quien escribió al dorso: *Cuba, uno de los equipos de más posibilidades y cuya mejor figura donde tienen puesta la confianza del triunfo arrollador descansa precisamente en este famoso remero* Vero [así dicen a Severino] *héroe de tantas batallas deportivas.*

El equipo cubano de atletismo. El tercero de pie, de izquierda a derecha, es Ángel García, quien concediera una entrevista a William Gálvez.

El cuarto sin timonel de Argentina, integrado por Cossettini, Mazzotta, Gómez y Peccherino. Texto de Che.

Lonzarella, de Argentina, se defiende del ataque de Rosado, luchador mexicano a quien el argentino ganó ajustadamente. Texto de Che.

El equipo argentino de *water polo*. Texto de Che.

Mateo Flores, el gran maratonista guatemalteco, dio a su patria la única medalla de oro, ganando la prueba de los 42 kilómetros. Texto de Che.

Eduardo Fereda, clavadista venezolano, hace un mortal hacia atrás. Texto de Che.

Al inicio de la subida al volcán Popocatépetl, con sus compañeros. Por tal razón se les ve tan sonrientes.

Un descansito no viene mal.

Ya están llegando a la cima del volcán.

De regreso, el cansancio lo vence.

Practicando el tiro para fines guerreros. México.

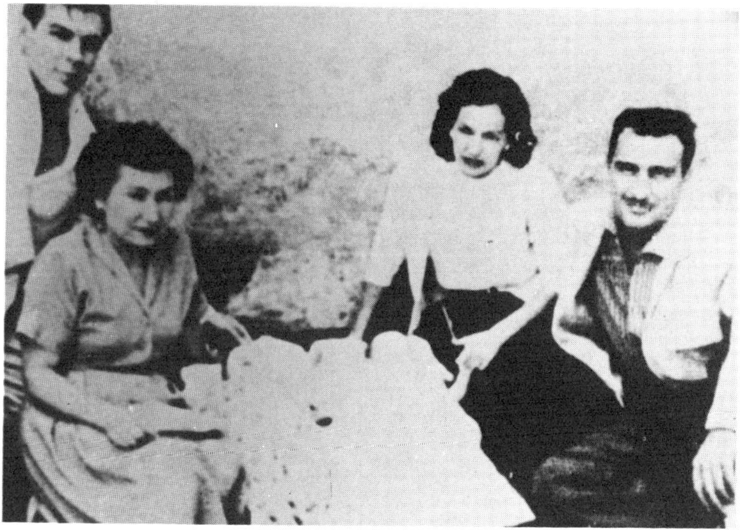

Hilda e Hildita lo visitan en la prisión mexicana. Una amiga también va a ver a su esposo, uno de los detenidos.

Jugando béisbol en la Sierra Maestra. Oriente.

Hipismo guerrillero. Sierra del Escambray. Las Villas.

Durante un juego de béisbol con Fidel, Camilo, de espalda y el escritor norteamericano Waldo Frank.

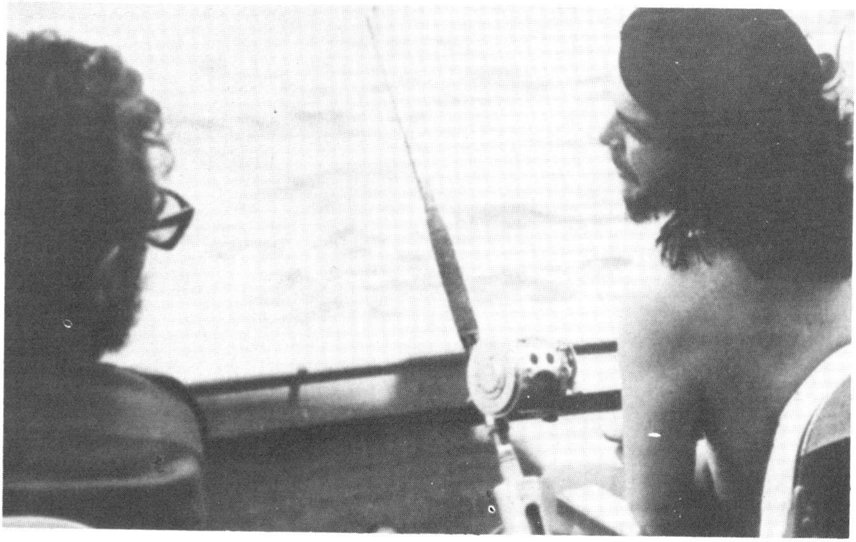

En animada conversación con Fidel, mientras esperan que alguna aguja pique.

Recordando uno de sus tantos oficios. A su lado doña Celia, la madre. Al fondo, el entonces capitán Ramón Valle.

Fidel observa lo que lee Che.

Finaliza la jornada con buenos resultados. Fidel, Che y demás acompañantes se disponen a subir al muelle.

Esta y las tres fotos siguientes pertenecen a un juego de golf con Fidel.

Tablero 1

Inauguración por medio del teléfono de un evento ajedrecístico. (Aparecen Bayo, Barrera y Jorge García Bango *Yoyi)*

Conversa con Najdorf durante la simultánea.

Tablero 2.

Como participante en la simultánea ofrecida por el Gran Maestro Miguel Najdorf.

En un duelo con Bayo.

Le gana a Rogelio Ortega.

Tablero 3.

Tablero 4.

Practicando el fútbol con su amigo Alberto Granado, alumnos y profesores de la Universidad de Santiago de Cuba.

Práctica de tiro con pistola.

Tiro con pistola.

Con el equipo de fútbol Madeira, de Brasil.

Acto inaugural del II Capablanca en 1963.

En la simultánea de Korchnoi, Ministerio de Industrias, septiembre de 1963.

En un encuentro de béisbol, junto con su esposa Aleida March; detrás Favio Ruiz, vicedirector del INDER. En el Latinoamericano, marzo de 1964.

En la simultánea con el Gran Maestro, el yugoslavo Trifunovic, celebrada en el Círculo Social del Prado. La Habana, septiembre de 1963.

En la partida de relevo con los mexicanos en su oficina del Ministerio de Industrias. El ingeniero Armando Acevedo, campeón de su país, ocupa su turno en la madrugada del 26 de mayo 1964.

Toca ahora al licenciado Alfonso Carreño.

Un nuevo relevista, el ingeniero Mario Campos, campeón de Ciudad México.

A pesar del agua, fango y la poca experiencia en este deporte, no se puede negar que hay estilo de pelotero.

En su turno al bate durante el juego de agosto.

Conecta un *hit*. Esta y las dos fotos anteriores fueron vistas por los destacados peloteros Antonio Pacheco y Orestes Kindelán y aseveran que tanto en la posición de primera, como al bate, muestra conocimientos del béisbol.

En la disputada partida con el Gran Maestro Larry Evans, de Estados Unidos. hotel Habana Libre, septiembre de 1964.

En unión de los grandes maestros soviéticos, Vassili Smislov, en primer plano y Mark Taimanov, analizan una partida, durante el III Torneo Capablanca In Memoriam, en septiembre de 1964.

Una de las tantas partidas *rapid-transit,* celebrada entre Che y el Maestro Internacional inglés Robert G. Wade, quienes se enfrentaron varias veces en los años 1963 y 1964.

"El Che, como para quitarle a Fidel el sabor amargo que le deja perder en cualquier cosa, se dirige a uno de los *caddies* que lo rodean y le pregunta a uno de ellos:

"—¿Cuándo habías tenido tú antes la oportunidad de cargarle los palos a tres campeones?"[130]

Unos días después, el 9 de abril, Fidel al ser entrevistado en televisión, alude a aquel partido de golf:

"—El otro día visité un campo de golf, explorando todos esos territorios que han pasado a manos del Gobierno para esos planes educacionales. Incluso unos obreros se empeñaron en que nosotros hiciéramos una práctica y como yo sabía que el Che había sido *caddie* de golf, de muchacho, fuimos a echar un partido de golf. Entonces me ganó el Che. Yo quería saber en qué consistía el jueguito ese y en realidad nosotros sacamos en conclusión que en golf le podemos ganar perfectamente a Kennedy y a Eisenhower, así que cuando el señor Kennedy y Eisenhower quieran despachar sus problemas con nosotros, que vengan a echar un partido de golf, que se lo ganamos perfectamente. Es cuestión de practicar unos días nada más y nosotros les ganamos seguro. Y tenemos unos cuantos obreros que son magníficos jugadores también. Allí (hay) unas cuantas decenas de obreros que han aprendido a jugar golf que es una maravilla. Los mejores jugadores de golf son los *caddies*, porque cuando no están los otros por allí están ellos todo el día dándole a la pelota; entonces han resultado los mejores jugadores, los *caddies* de los clubs de golf son unos extraordinarios jugadores."[131]

El artículo finaliza con un hecho no relacionado con el juego. La información de la prensa da como ganador a Che con 127 golpes y Fidel pierde con 150. Como vemos, Fidel y Núñez desconocían que la experiencia de Che como golfista estaba dada porque desde muy pequeño lo aprendió a jugar por residir en una casa muy cercana a

130 Del artículo de Antonio Núñez Jiménez cedido al autor.
131 Periódico *Revolución*. La Habana ,10 de abril de 1961.

un campo de golf, como ha visto el lector en páginas anteriores, aunque ciertamente en algunas ocasiones hizo la función de *caddie.*

IMPULSOR DEL AJEDREZ EN CUBA

Con relación a esta actividad contactamos con el compañero José Luis Barreras, que por aquel entonces fuera el Comisionado Nacional de dicho deporte. Él nos sugirió utilizar un artículo suyo publicado en la revista *Cuba*, de octubre de 1983 y un trabajo titulado "El ajedrez en Cuba", que recoge la historia del juego ciencia en la isla, donde por supuesto dedica una buena parte al comandante Ernesto Che Guevara. Sin embargo, durante las conversaciones, en las que estaba presente el Maestro Internacional Eleazar Jiménez, se agregaron anécdotas no recogidas en esos trabajos, algunas de las cuales incluiremos en este libro.

José Luis Barreras: "El Comandante Ernesto Che Guevara fue un decidido impulsor del ajedrez en Cuba, precisamente por su cabal comprensión de lo que significaba el juego ciencia para las futuras generaciones. Pero, además, él mismo era un jugador apasionado y un fervoroso seguidor, como Lenin, de los problemas con finales de 'mate en tres jugadas'...

"...Desde los primeros días del triunfo de la Revolución, en 1959, Che se vinculó al proceso organizativo iniciado con el fin de popularizar la práctica y el auge del ajedrez en el seno del pueblo(...) No obstante, aun a sabiendas de que se producirán omisiones, intentaremos referirnos a ciertas características muy interesantes que retratan de cuerpo entero los rasgos de su personalidad y el acendrado entusiasmo que sentía por el juego ciencia.

"Comenzaremos por recordar una verdad conocida: jamás nos faltaron su apoyo moral, ni sus consejos y sugerencias a lo largo del duro bregar en pro del deporte, aun en las más difíciles circunstancias, durante el proceso organizativo del ajedrez en el primer quinquenio revolucionario de 1959-1964. Su aporte fue significativo en todo ese período, calorizando toda clase de competencias con su presencia.

"Recordamos especialmente el primer torneo de ajedrez por equipo entre organismos estatales.

"Aquella competencia se inauguró, de forma muy original, el martes 6 de junio de 1961: el entonces director del Instituto Nacional de Deportes, Educación Física y Recreación, José Llanusa, realizó la primera jugada del torneo desde Santiago de Cuba, capital de la antigua provincia de Oriente, utilizando la vía telefónica. El Comandante Ernesto Che Guevara instalado en el coliseo de la Ciudad Deportiva, en La Habana, respondió al movimiento inicial mediante un teléfono adaptado a la amplificación local, de manera que los cientos de asistentes pudieran escuchar las jugadas protocolares."[132]

Con relación a este hecho, nos dijo Barreras que Llanusa le planteó que le era imposible estar presente en la inauguración y realizar la apertura del torneo, ya que por cuestiones de trabajo él tenía que estar en Santiago de Cuba. Se le ocurrió a Barreras que eso podía solucionarse por medio del teléfono. Pero Llanusa le respondió que él no sabía jugar ajedrez, a lo que el comisionado le indicó que si le tocaba hacer la apertura, dijera peón cuatro rey, y si era Che quien lo hacía, que respondiera con la misma jugada, pues generalmente estas son las aperturas utilizadas en los encuentros.

Pero sucedió que Che, que también gustaba de hacer bromas —y esto lo recordó Jiménez—, solicitó hacer la apertura, indicando nada menos que rey tres torre. Todos los presentes se asombraron de lo que escucharon, pero el asombro fue mayor al oír por los amplificadores la respuesta: peón cuatro rey. Muerto de risa, Che dijo a su "oponente": Eso era lo que yo quería comprobar,que tú no sabías nada de ajedrez. Todos los presentes disfrutaron del chiste.

Para los que no conocen el juego ciencia, aclaremos que la apertura propuesta por Che no es posible llevarla a cabo. Continúa el escrito de Barreras:

132 J. Luis Barreras: "El Che, ajedrecista entusiasta". Revista *Cuba*. La Habana, octubre de 1983, p. 41.

"Realizada la ceremonia telefónica, Che usó de la palabra, dirigiéndose a los jugadores participantes y al público en general, en los siguientes términos:

"Queridos compañeros: es muy interesante que ya en esta etapa de la Revolución podamos inaugurar un torneo como este; un torneo donde todos o casi todos los representantes de organismos estatales vienen a disputar el triunfo. Naturalmente que el ajedrez es un pasatiempo, pero es además un educador del raciocinio, y los países que tienen grandes equipos de ajedrecistas marchan también a la cabeza del mundo en otras esferas más importantes. Esperamos que este torneo tenga el lucimiento que merece, por la categoría de los participantes y el entusiasmo con que todos van a disputar el triunfo. Esperamos también que un segundo torneo tenga más participantes y que todos los organismos estatales puedan intervenir. Veré si me animo a participar por el Ministerio de Industrias en el próximo torneo. Hasta entonces, pues, y mucho éxito."[133]

Las emotivas y sinceras palabras del Che, un ferviente cultivador del juego ciencia, causaron gran impacto en el público presente.

SOLUCIONADOR DE PROBLEMAS AJEDRECÍSTICOS

"Los problemas de ajedrez constituyen una rama especializada del juego ciencia. Una gran parte de los aficionados alternan la disputa de partidas con la solución de problemas y obtienen de esa manera una satisfacción completa del ajedrez. En general, los problemas gozan de preferencia en las secciones periodísticas, a las que acuden los ajedrecistas en busca del problema del día. Un problema de ajedrez consiste en ofrecer una posición determinada sobre el tablero, a partir de la cual se puede dar jaque mate al adversario al cabo de un número de jugadas estipuladas previamente.

"El Comandante Ernesto Che Guevara era un fuerte aficionado a la solución de problemas de ajedrez. Prefería los mates en tres

133 Ibídem, p. 41.

jugadas por las dificultades que encierra encontrar la clave; en realidad, constituyen un reto a la voluntad del que se somete a las dificultades del problema.

"Che estaba al tanto de los problemas que aparecían en la sección 'Ajedrez' del periódico *Revolución*, y en cierta ocasión me criticó por haber incluido un problema de mate en dos muy fácil en un concurso de problemas que efectuaba el periódico.

"El 'tirón de oreja' dio resultado... Decidí entonces publicar problemas más difíciles, en particular de mate en tres, y sin pérdida de tiempo, dos días más tarde, publiqué en *Revolución* (9 de octubre de 1961) un problema difícil, como a él le gustaban. Estaba dedicado al Comandante Che Guevara...

"Después de haber transcurrido una semana desde la publicación del problema, recibí una respuesta correcta, con todas sus variantes, firmada por 'incógnito'. Coincidentemente se produjo una llamada telefónica del Che en la que anunciaba haber resuelto el problema tras una búsqueda laboriosa..."[134]

El periódico *Revolución* publicó (ver foto tablero 1), en la sección "Ajedrez", lo siguiente: "El problema de mate en tres jugadas publicado el 9 de los corrientes, dedicado al querido compañero Comandante Ernesto Che Guevara, ha sido sin discusión posible, el más fuerte de la serie que viene publicándose en esta sección. Influyó en el ánimo de los compañeros problemistas poner el máximo de empeño en la solución, el hecho de haber sido dedicado al Che, pues el pueblo de Cuba conoce, y los ajedrecistas en particular, la gran afición que él siente por el juego ciencia. La solución de este bello y difícil problema es: 1.D7C!! con una serie de importantes variantes, por ejemplo: 1. D7C!! 2.P8: pide alfil. RxC: 3.D1TD MATE! Todos los solucionistas han estado acordes en una cosa: es un gran problema, digno del Che..."[135]

134 Ibídem.

135 Periódico *Revolución*, 26 de octubre de 1961.

I TORNEO INTERNACIONAL CAPABLANCA IN MEMORIAM

El 29 de abril de 1962 se celebró en La Habana el I Torneo Internacional Capablanca In Memoriam en el Salón de Embajadores del hotel Habana Libre, del que Che fue su gran impulsor, asistiendo a su apertura y a varias de sus sesiones como espectador. En esta ocasión tuvo la oportunidad de volver a enfrentarse en otra simultánea a ciegas con el Gran Maestro polaco–argentino Miguel Najdorf en los primeros días de mayo, ya que en 1949 lo hizo en su país, en Mar del Plata, donde logró un empate. Iba ahora con el fin de ganar o perder y fue uno de los doce rivales de Najdorf. Ocupó el tablero número 3.

Con evidente conocimiento teórico y sentido posicional del juego, a Che le gustaba desarrollar partidas con fuertes ataques sobre el rey rival, para "ganar o perder", pero nunca empatar.

A la altura de la jugada doce, Najdorf le propuso tablas, pero Che no estuvo de acuerdo: He venido a ganar o perder, le expresó.

El Gran Maestro se mantuvo impasible durante las cuatro jugadas siguientes y al llegar a la diecisiete, repitió nuevamente su ofrecimiento de empate al comandante guerrillero. Este se quedó pensativo con la vista fija en el tablero por unos segundos, comprobó el equilibrio de las piezas. Levantó la mirada y sonriente dice a su paisano que se mantenía de espaldas: Acepto las tablas.

También sonriente, el veterano ajedrecista se vuelve y se encamina al tablero tres, estrecha la mano de su rival y le expresa:

"Recuerdo que el entonces joven Guevara fue uno de los pocos que lograron hacerme tablas en Mar del Plata en el año 1949. ¿Se acuerda usted Comandante...? "[136]

136 Testimonio de José Luis Barreras.

DESARROLLO DE LA PARTIDA

Piezas blancas: Miguel Najdorf. Piezas negras: Comandante Che Guevara. Apertura Española. 1. P4R, P4R; 2.C3AR, C3AD; 3.A5CD, P3TD; 4.A4T, C3AR; 5.0–0, A2R; 6.T1R, P4CD; 7.A3CD, 0--0; 8. P3AD, P3D; 9.P3TR, P3TR; 10.P4D, T1R; 11. C(1CD)2D, A1AR; 12. P5D, C2R; 13.P4AD, PXP; 14.CXP, P3AD; 15.T5.PXP, PXC; 16.A3R, A3R; 17.TABLAS (en perfecto equilibrio). (Ver foto tablero 2.)

Sin embargo, en el libro *Mi hijo el Che* el padre escribe: "Sabía que en Cuba jugaba con grandes ajedrecistas. El maestro Najdorf, de la Argentina, me había dicho en el año 1962 [debió ser luego de su participación en el I Capablanca] que Ernesto era un jugador de primera categoría. Posteriormente hizo declaraciones en un diario de Buenos Aires en un artículo donde dice que el Che tenía una biblioteca ajedrecística compuesta por más de quinientos volúmenes. Y agregó:

"¿Cómo jugaba? Era un jugador bastante fuerte. Prefería el juego agresivo y era dado a los sacrificios, pero bien preparados; por lo que puedo ubicarlo como de primera categoría.

"Dijo Najdorf que jugó con el Che en Cuba, donde lo habían invitado a jugar diez partidas simultáneas, que se realizaron en un club de ajedrez donde participaron algunas personas del gobierno. Y añadió:

"—Con el Che yo llegué a estar un poco mejor y le ofrecí tablas. Las rechazó con estas palabras: —Mire, maestro, siendo estudiante de Medicina, yo perdí contra usted en una exhibición que dio contra quince tableros, en el Hotel Provincial de Mar del Plata, y ahora prefiero perder, o buscar el desquite.

"—Acepté la invitación a la lucha y tuve que ganarle." [137]

Como vemos, la narración es diferente a lo que hemos investigado sobre sus dos partidas, por lo que tal vez se trate de un error del periodista a quien hizo las declaraciones, pues si nos remitimos a lo

137 Ernesto Guevara Lynch: *Mi hijo el Che*. Ed. cit., p. 224.

que el Gran Maestro dijo en La Habana en presencia de otros ajedrecistas, Barreras entre estos, al finalizar el encuentro y cómo se desarrolló el juego, la contradicción es evidente.

En el mencionado torneo hubo otro enfrentamiento del que José Luis Barreras escribió:

EMOCIONANTE PARTIDA ENTRE EL CHE Y BAYO

"El Comandante Ernesto Che Guevara y el general Alberto Bayo protagonizaron una singular partida de ajedrez, en el Salón de Análisis y Prensa instalado en el hotel Habana Libre, durante el desarrollo del I Torneo Internacional Capablanca in Memoriam, en el mes de mayo de 1962.

"Aquella lucha en el tablero resultó emocionante en alto grado, dada la personalidad de los contendientes. El acontecimiento, sin embargo, fue completamente fortuito. Esa tarde me encontraba conversando con el Che y Bayo en el salón de análisis, cuando vino a mi mente una cita ajedrecística escrita por Bayo en su libro *Mi aporte a la Revolución Cubana*. (Ver p. 140 de *Che deportista.)*

"No compartía yo una afirmación de tal naturaleza, por cuanto, en mi modesta opinión, el Che era el más fuerte entre los dos. Quise salir de dudas y, animado por el propicio ambiente, saqué a relucir el indiscreto tema:

"Che, leí un libro que me regaló Bayo, cuyo prólogo escribió usted, que en las partidas que jugaban durante el entrenamiento en Chalco él le ganaba...

"No me dejó terminar. Mirando fijamente a su antiguo profesor, con una semisonrisa reflejada en el semblante, le expresó muy quedo:

"—Viejo, dices que soy tu alumno preferido, pero discúlpame, lo que escribiste sobre nuestras partidas no es verdad...

"Antes de que Bayo saliera de la perplejidad que le causaran estas palabras, se me ocurrió señalar la mesa de ajedrez, a la vez que insinuaba se dilucidara esta cuestión sobre el tablero. Y así, rápidamente, sin pronunciar palabras, se pusieron frente a frente...

"Recuerdo que Bayo planteó el gambito de dama, y el Che lo aceptó. Luego los movimientos se fueron haciendo cada vez más lentos, bien meditados. Mientras tanto, la noticia del inusitado encuentro animó el salón de análisis y prensa. Llegaron fotógrafos, periodistas y algunos aficionados. En la apertura, las blancas —en manos de Bayo— quedaron mejor, pero en las complicaciones entre el medio juego y al final, el Che impuso su mejor estrategia y conquistó finalmente la victoria.

"Al terminar la partida, apenas podía sostener el Che entre los dedos de la mano, por lo reducidos que estaban, los restos de lo que había sido un tabaco; pero la expresión de su rostro, contento por la victoria lograda, es inolvidable..."[138]

En junio del mismo año participó en la simultánea ofrecida por el Maestro Nacional Rogelio Ortega, en el Ministerio de Industrias y Che ganó la partida con las piezas negras en 22 jugadas.

DESARROLLO DE LA PARTIDA. Sistema Colle.

1.CR3A--P4D/ 2.P3R--P3R/ 3.P4D--C3AR/ 4.A3D--P3CR/ 5.0--0--A2C/ 6. P3CD--0--0/ 7. A2C--P3C/ 8.CD2D--C3T/ 9.A3T--P4A/ 10.C5R--D2A/ 11.T1A--C2D/ 12.P4AR--C5C/ 13.AxC--PxA/ 14.P4R--D6A/ 15.CD3A--PxP/ 16.AxP--D6R+/ 17.R1T--DxA/ 18.C5C--D4D/ 19. P4A--PxP a.p./ 20.TxP--A2C/ 21.C(15C)3A--T(1T)1A/ 22.T3D--A3TD. Las blancas abandonaron. (Ver foto tablero 3.)

JUEGA FÚTBOL EN SANTIAGO DE CUBA

En 1962, uno o dos días después del acto de conmemoración del noveno aniversario del 26 de Julio, Che, que participó en este, celebró un partido de fútbol en horas de la mañana con los alumnos y profesores de la universidad oriental. Entre los últimos se encontraba su amigo Alberto Granado, que desde 1961 había decidido venir con su familia a residir a Cuba, a petición de Che, para

138 Testimonio de José Luis Barreras.

desempeñarse como profesor en ese centro de estudios, en la Facultad de Biología por esos años.

Fue este quien lo invitó a patear la bola y del *match* existe una foto en la que, además de los dos viejos amigos, aparecen varios estudiantes de ingeniería, un kenyano, y otro compañero, de los que Alberto no recuerda el nombre. Los demás son Nils Castro, panameño, profesor de literatura y un español de apellido Area, que fungía como instructor de fútbol de la Universidad de Oriente.

Ambos equipos vistieron la camiseta del plantel. Según Granado, Fúser jugó portero y Petiso delantero, quien recuerda que fue un partido muy tenso y que en una ocasión Area penetró con la pelota en la zona del portero, tal vez confiado de que allí estaba un ministro del gobierno, no un verdadero jugador, pero resultó que Che lo sorprendió cuando en la zona de la portería se lanzó, de manera tan profesional, sobre la pelota, que no solo impidió que anotara, sino que le lesionó una pierna. Dice Granado que el *team* de Che fue el vencedor 1 por 0.

Entre los estudiantes que participaron en el juego se encuentra el hoy ingeniero mecánico y profesor del Instituto Politécnico "Julio Antonio Mella" de Santiago de Cuba, Calixto Rodríguez, quien nos dijo:

"Nosotros estábamos descansando en la beca después del almuerzo y nos avisaron que íbamos a tener un encuentro amistoso de fútbol con un grupo de gente. Bajamos desde el Alto de Quintero donde se encuentra la Universidad hasta el campo y cuando llegamos nos encontramos que estaba el compañero Che Guevara. Una gran sorpresa para nosotros pues no nos dijeron que jugaríamos con él.

"El juego lo celebramos en el centro del terreno de atletismo que se encontraba al lado de lo que es hoy el estadio 'Guillermón Moncada'. Los dos equipos no llegaron a once jugadores, fue una especie de 'guerrita' y estaban formados por los estudiantes que pertenecíamos al equipo de fútbol de la universidad y algunos profesores. Yo jugué de centro medio en el bando contrario al del Che.

"Recuerdo que el Che comenzó jugando delantero, lo hizo en el primer tiempo... Me llamó la atención que durante el juego tenía su aparatico para el asma y lo utilizó una o dos veces. En el segundo tiempo jugó de portero. Sí, es cierto lo que sucedió con el entrenador español. Che fue muy cordial con todos. Al terminar el juego él se quedó un rato conversando con nosotros. No, yo no recuerdo cómo quedó el partido." [139]

AJEDREZ

En el mes de agosto realizó una simultánea celebrada en el Ministerio de Industrias con el Gran Maestro Miroslav Filip, e hizo tablas. Este condujo las piezas blancas.

DESARROLLO DE LA PARTIDA. Defensa Eslava.

1.CR3A--P4D/ 2.P4AD--P3AD/ 3.P4D--C3A/ 4.C3A–P3CR/ 5.A4A–A2C/ 6.P3R--A4A/ 7. D3C--P3C/ 8.A2R–0–0/ 9.0--0--C5R/ 10.TR1D–C2D/ 11.P3TR–C(2)3A/ 12.A5R–CxC/ 13.PxC–P3R/ 14.PxP–PRxP/ 15.P4A–PxP/ 16.AxP–A5R/ 17.C2D–A4D/ 18.AxA–DxA/ 19.DxD–CxD/ 20.AxA–RxA/ 21.TR1AD–TD1A/ 22.TD1C–P4AR/ 23.C3A–P4A/ 24.PxP–TxP/ 25.TxT–PxT/ 26.T1A–T1A. Tablas. (Ver foto tablero 4.)

EN LOS JUEGOS UNIVERSITARIOS

En octubre de 1962 se celebraron los Juegos Universitarios y Che, tan pronto tuvo oportunidad, acudió a los estadios "Juan Abrahantes" y "Ramiro Valdés Daussá", del alto centro de estudios habanero.

Uno de los que acompañó al Comandante Guevara a los juegos universitarios fue el entonces ministro de Planificación, Regino Boti; en conversación con este, nos relató que en varias ocasiones asistió

139 Entrevista del autor.

junto con Che a presenciar varios juegos de fútbol, pelota , boxeo y ajedrez y reiteró que Che era un apasionado de los deportes.

"Mira William, te voy a contar una anécdota para que veas si es cierto lo que te digo. En ocasión de estar yo reposando, a causa de haberme fracturado una pierna, recibí la visita de Fidel, Che y otro compañero que no recuerdo ahora quién era. Al poco rato, no sé por qué, surgió una conversación sobre saltadores.

"La cosa fue que salimos para el patio y se inició la competencia, entre Fidel, Che y el otro, que por cierto era el que más lejos brincaba. Fidel recibió una llamada y tuvo que retirarse, pero Che siguió la competencia, pero al ver que no lograba ventajas en el salto largo, pues el otro era más ligero, propuso competir en salto de altura.

"En los iniciales saltos, Che quedaba rezagado, se le veía molesto pues no tenía éxito, por lo que propuso una mayor altura y realizando un esfuerzo extraordinario derrotó a su contrincante. Al otro día, cuando lo llamé por teléfono para hacerle una consulta de trabajo, como cosa de rutina le pregunté por su salud, a lo que me respondió que después del salto comenzó a sentir dolores en un costado, y cuando fue al médico, este le detectó dos costillas fracturadas, por supuesto, producto del salto triunfador."[140]

1963. HIPISMO, TIRO, BÉISBOL, FÚTBOL, BOXEO Y AJEDREZ

Siempre agobiados por el trabajo, no le es fácil a los dirigentes revolucionarios disponer de tiempo para la recreación, pero cuando la oportunidad se presenta la aprovechan. Así, al visitar algunas de las granjas agrícolas, gusta de montar a caballo, con lo que satisface un deseo, al mismo tiempo que realiza el recorrido de inspección. En este año Che acude nuevamente al campo de tiro "Raúl Podio".

140 Ibídem.

Regino Boti: "Un día participé en un partido de fútbol con Che y Fidel y luego de la comida nos pusimos a jugar dominó. Yo hice pareja con Che y Fidel con otro compañero. Los ganadores éramos nosotros. Ahora el que estaba molesto era Fidel, quien no dio por terminado el duelo hasta que logró ganarnos una data. Habíamos comenzado como a las siete de la noche y nos levantamos pasada la una de la madrugada."[141]

BOXEO

El domingo 17 de marzo de 1963, Che acompaña a Fidel a un cartel de boxeo celebrado en la Ciudad Deportiva; junto a ellos se encuentran Jorge García Bango, vicepresidente del INDER por aquel entonces y el periodista Gabriel Molina. El púgil Félix Betancourt responde a preguntas de los dos comandantes. Está presente la lanzadora de bala Caridad Agüero. Siempre que le era posible, Che no se perdía los programas boxísticos, evidenciando su afición por el deporte de los puños, que de manera simple también él practicó.

FÚTBOL

En mayo de 1963 visitó a Cuba el once brasileño, Madureira, perteneciente a la primera división futbolística en su país, que en una de sus giras por el mundo incluyó a la isla caribeña, para efectuar varios encuentros con equipos del patio.

El 12 de mayo el Madureira debutó en el estadio Latinoamericano contra Industriales, campeón nacional, al que venció 5 por 2. El juego del 19 del mismo mes, frente al Combinado Habana, en el

141. Ibídem.

estadio universitario, fue presenciado por Che. Antes, este bajó a saludar a los cariocas, participando de la charla el jefe de la delegación, José de Gama y Llanusa. De esta conversación hay varias fotos, así como de ellos presenciando el partido, que fue ganado por los visitantes 3 por 2.

También en el estadio de la Universidad de La Habana, fue espectador del partido que celebró la Selección Nacional de Cuba contra el once del Dinamo de Kiev de la antigua URSS. En la foto que poseemos, Che aparece entre el público flanqueado por Aleida March y Alberto Granado.

AJEDREZ

El 20 de junio de 1963 Che participó en una simultánea del Maestro Internacional Eleazar Jiménez, donde Che perdió conduciendo las piezas blancas.

FÚTBOL EN ARGELIA

En los primeros días del mes de julio, durante un viaje de trabajo en dicho país, presencia un partido de fútbol en el estadio municipal, invitado por Ben Bella, máximo dirigente de la Revolución argelina.

AJEDREZ

Los meses de julio y agosto estuvieron matizados por distintos eventos ajedrecísticos, pues en esa fecha se efectuaron dos eventos de carácter internacional: el I Torneo Panamericano de Ajedrez y el II Capablanca In Memoriam; y uno local, el Campeonato de Ajedrez en el Ministerio de Industrias, donde la participación del Comandante Guevara fue determinante.

I TORNEO PANAMERICANO DE 1963

José Luis Barreras: "La Habana, capital de Cuba socialista, pasó a ser considerada después de los éxitos de organización y calidad alcanzados en el I Capablanca de 1962, uno de los principales centros del ajedrez mundial.

"Por otra parte, el I Torneo Panamericano de Ajedrez, celebrado en julio-agosto de 1963 en La Habana, despertó gran sensación, especialmente en América Latina; por entonces —salvo en Argentina— la familia ajedrecística latinoamericana no tenía oportunidad de confrontar fuerzas en torneos internacionales.

"La presencia en La Habana de los campeones nacionales de Argentina, Bolivia, Brasil, Chile, Colombia, México y Uruguay en dicho evento, asestó un duro golpe a las pretensiones de aislamiento continental con las cuales presionaban a nuestra patria socialista; por aquellos tiempos Cuba solamente sostenía relaciones diplomáticas con México.

"Decisiva colaboración de Che.

"Estas dos competencias, tan positivas desde todo punto de vista, estuvieron a punto de posponerse en el mes de mayo, pocas semanas antes de iniciarse el I Panamericano.

"El INDER notificó a la Federación de Ajedrecistas de Cuba —por haber sido la encargada de cursar las invitaciones, y hechos los arreglos técnicos de ambos torneos con la FIDE—, posponer los mismos hasta 1964, por un reajuste en su presupuesto de eventos internacionales en 1963.

"Con conocimiento de esta emergencia en el ajedrez nacional, el Comandante Guevara contactó inmediatamente con Giraldo Mazola, presidente del Instituto Cubano de Amistad con los Pueblos, a fin de que prestaran la ayuda requerida al INDER para que ambos torneos pudieran realizarse."[142]

142 Testimonio de José Luis Barreras.

CAMPEONATO DE AJEDREZ EN EL MINISTERIO DE INDUSTRIAS

La Sección Sindical del Ministerio de Industrias organizó un torneo de ajedrez celebrado desde finales de julio a agosto de 1963, en que Che obtuvo el segundo lugar o subcampeonato, con 24 partidos jugados, 20 ganados, 2 perdidos, dos tablas, para 21.0 puntos. En el acto de premiación realizado en el restaurante Río Cristal, el 24 de agosto Che expresó:

"Me gustaba jugar ajedrez desde la edad de once años. Las primeras noticias que tuve de la existencia de Cuba fue a través del gran ajedrecista José Raúl Capablanca, cuando el campeón cubano visitó la Argentina. [Fue en 1939 con motivo de la Olimpiada].

"Capablanca fue un fenómeno aislado. Le tocó vivir una época en que existía gran aislamiento entre los pueblos.

[Relató que durante el desarrollo de la lucha en la Sierra Maestra tenía un juego de ajedrez, pero que entre los combatientes casi ninguno sabía jugarlo.]

"Es que cuando Capablanca murió, el ajedrez se olvidó mucho. Ahora ha surgido nuevamente el entusiasmo con la Revolución. Cada día surgen nuevos valores del ajedrez en Cuba, verdaderos talentos; habrá muchos jugadores de alta calidad, otros Capablanca y Tal.

"Vamos a tener Grandes Maestros y esa será también obra de la Revolución." [143]

Lo dicho en aquella oportunidad fue una realidad, pues hoy Cuba cuenta, después de José Raúl Capablanca, quien fuera campeón mundial de 1921 a 1927, con otros seis Grandes Maestros: el fallecido Guillermo García, Silvino García, Román Hernández, Amador Rodríguez, Reinaldo Vera y Walter Arencibia. También más de cuarenta ajedrecistas del patio han obtenido el título de Maestro Internacional, entre ellos Eleazar Jiménez y los desaparecidos Eldis

143 Ibídem.

Cobo y Jesús Rodríguez y siete mujeres, realización que sobrepasó los pronósticos de Che en aquella ocasión. Esta cantidad de Maestros en las dos categorías superiores, sitúa a Cuba entre los países con un alto nivel en dicha disciplina, sin contar los Maestros Nacionales y los expertos en las distintas categorías.

II CAPABLANCA IN MEMORIAM

Al siguiente día, 25 de agosto de 1963, fue la inauguración del II Capablanca In Memorian y el Comandante Guevara dirigió la palabra a los presentes. Entre otras cosas, dijo a los concursantes:

"En este momento de confrontaciones mundiales que se deben a sistemas ideológicos muy distintos, el ajedrez puede y es capaz de aglutinar a gentes de países con sistemas diferentes." Hizo la comparación de José Raúl Capablanca, que viajó a la URSS "y actuó en ese país pese a que en ese momento Cuba figuraba en un bloque de países que era hostil a la Unión Soviética".[144]

El Ministro de Industrias también se refirió al esfuerzo que se realiza en Cuba para desarrollar el ajedrez en un orden masivo: "Se juega con un interés creciente en todos los niveles. La juventud ha tomado la senda que trazó Capablanca."

Guevara admitió que en las salas de juego el pueblo no guarda aún el debido silencio, pero refirió que esa molestia que podrán experimentar los Maestros,podrán pasarla por alto por el entusiasmo que demuestra nuestro pueblo por el ajedrez.

Sugirió a los ajedrecistas visitantes que en la medida que tuviesen tiempo, trataran de conocer de cerca la Revolución Cubana, nuestro pueblo, cualquiera que fuese la posición que se tuviera. "Verán —dijo— un pueblo en Revolución, un espectáculo digno de verse."[145]

144 Semanario Deportivo *LPV*. La Habana, 3 de septiembre de 1963.

145 Ibídem.

Terminó señalando que él deseaba que todos se sintieran como en su propia casa, esperando una mejor actuación de los ajedrecistas cubanos y deseando el triunfo de cualquiera de los 22 participantes. "Que la victoria corresponda a quien mejor juegue. Oficialmente les doy la bienvenida a nombre del Gobierno Revolucionario."[146]

En esta oportunidad solo se le vio como observador de distintos partidos. Sin embargo, tomó parte en las simultáneas ofrecidas por tres Grandes Maestros extranjeros participantes en el torneo, entre ellas con Mijail Tal y con Victor Korchnoi, ambas efectuadas en el Ministerio de Industrias. La última fue la ofrecida por el yugoslavo Peter Trifunovic organizada por la CTC en el Paseo del Prado. La primera y la tercera fueron tablas, la segunda la perdió el Comandante Guevara jugando con las piezas blancas. Todas en el mes de septiembre.

Por lo que escribe Barreras "El legendario Comandante se enfrentó a otros ajedrecistas de reconocido nombre internacional, contando entre los mismos además de los mencionados con el colombiano Boris de Greif, los uruguayos Etcheverri y Walter Estrada, el chileno René Letelier, los mexicanos Jorge Cadenas, coronel J. Araiza, Mario Campa, Joaquín Camarena, y otros. Todas fueron partidas *rapid–transit*."[147]

En el torneo de formación del equipo del Ministerio de Industrias, efectuado del 18 de noviembre al 16 de diciembre de 1963, también participó. Jugó 10 partidas, ganó 7, hizo 3 tablas y no perdió ninguna, para un puntaje de 8.5, quedando como el segundo e invicto.

También en noviembre se efectuó el V Torneo Zonal Centroamericano y del Caribe, en La Habana, que contó con la asistencia de Che como espectador. En una foto aparece muy interesado y las manos cruzadas a la espalda, presenciando la partida entre los maestros internacionales Miguel Cuellar y Luis Augusto Sánchez, de Colombia.

146 Ibídem.

147 Testimonio de José Luis Barreras.

1964. EN EL CAMPEONATO NACIONAL DE BÉISBOL

Pero no solo asiste a los encuentros ajedrecísticos y de fútbol, también acude a los de béisbol en el Estadio Latinoamericano. En la Serie Nacional de Béisbol de 1963-1964, es visto en algunas ocasiones en el palco detrás del *home*. El domingo 1ro de marzo presenció el tope entre Industriales y Occidentales, en un reñido y emocionado partido que se extendió a 12 *innings* ganado por los primeros, luego de dos *outs*, 5 por 4. También Fidel observó el duelo, pero lo hizo desde el palco de la prensa de Radio Rebelde. Como en otras oportunidades, existe constancia gráfica, que nos permite ver a Che, malla por medio, saludando a dos peloteros.

El 9 de mayo Che asistió en horas de la noche al hotel Habana Libre, donde se celebraba una eliminatoria de jugadores de ajedrez para participar en un evento internacional.

ORIGINAL PARTIDA DE RELEVO EN LA MADRUGADA

José Luis Barreras: "El 21 de mayo de 1964 se celebró en La Habana la segunda parte de un encuentro amistoso entre Cuba y México, iniciada un mes antes en la capital azteca, con el triunfo de los caribeños. La delegación amiga fue integrada por el licenciado Alfonso Carreño, delegado de su país ante la FIDE; el coronel de ejército José Joaquín Araiza, director de la Federación Mexicana de Ajedrez; Alejandro Báez, periodista, secretario de la FMA; los maestros nacionales ingeniero Armando Acevedo, campeón de México, ingeniero Mario Campos, campeón del Distrito Federal, ingeniero Roberto Treviño y licenciados Raúl Solórzano, Joaquín Camanera, Ernesto Torres Sánchez y Jorge Cadenas.

"Los dos encuentros de aquella segunda fase del torneo se realizaron en el hotel Habana Libre el 21 y el 24 del mes señalado, con un nuevo triunfo para los del patio, esta vez de 9,5 x 6,5 puntos. Nuestro país estuvo representado por Eleazar Jiménez, Eldis Cobo,

Rogelio Ortega, Orlando Mestre, Gilberto García y tres maestros recién graduados: Silvino García, Hugo Santa Cruz y Jesús Rodríguez.

"El Comandante Ernesto Che Guevara asistió al encuentro de los equipos de Cuba y México los dos días de competencia. En tales ocasiones su conducta en la sala del torneo era inalterable: recorría los tableros, atento a las diferentes posiciones; luego concentraba toda su atención en aquellas que prometían una lucha más activa y compleja. A él le gustaban las partidas de ataque, conocía a los jugadores de ese estilo y frente a esos tableros permanecía más tiempo. Al finalizar una partida del corte de las mencionadas, charlaba con ambos jugadores sobre diferentes facetas de la lucha sostenida.

"El Che prefería la lucha activa al juego posicional, pero siempre tenía una palabra intencionada para todos los competidores, no importaba cuál fuera su estilo o características del partido.

"Los integrantes del equipo de México, con los cuales charló repetidas veces, quedaron gratamente impresionados con su sencillez y amabilidad. Después de finalizar el encuentro quisieron reunirse con él para jugar algunas partidas y conversar, de modo que solicitaron una entrevista con el dirigente revolucionario antes de su regreso a México.

"Informé al Che de la encomienda recibida, a la cual dio una respuesta categórica:

"Estoy dispuesto a complacerlos, pero cada día trabajo —en el Ministerio de Industrias— hasta las tres de la mañana. No es posible por ahora jugar con ellos antes de esa hora. Y añadió: Si están dispuestos a madrugar, te pones de acuerdo con Manresa y los traes a la hora indicada.

"Cuando los jugadores mexicanos se enteraron, saltaron de alegría y aceptaron muy complacidos la hora propuesta. A la hora señalada del 26 de mayo de 1964, la delegación de ajedrecistas de México hacía su entrada en el despacho del Che.

"Después de sostener una animada charla sobre diversas cuestiones políticas y económicas planteadas por los visitantes, el Che dispuso el tablero y las piezas. Todos los mexicanos intentaron jugar, hasta que se decidió que fueran turnándose en el mismo tablero cada vez que realizaban una jugada. Con esa original partida en relevo Che pudo complacerlos, jugando contra todos ellos. El partido se inició a las cuatro de la madrugada, hubo 29 rotaciones, finalizando tablas una hora más tarde." [148]

NATACIÓN Y PASIÓN POR EL AJEDREZ

Luego del madrugador partido, Che se dirigió a los campos del central "Ciro Redondo", en Pina, Morón, municipio de la antigua provincia de Camagüey, hoy Ciego de Ávila, para ganarse el bono de las 100 horas de trabajo voluntario, lo que venía realizando todos los años. Para obtenerlo dedicaba los únicos diez días que tomaba de vacaciones al año, en la dura tarea del corte de la caña, durante la misma cantidad de horas diariamente.

Por esa fecha, el autor era jefe del Ejército Central, con jefatura en Santa Clara, mando que quedaba subordinado en momentos de peligro de ataque enemigo al Comandante Ernesto Che Guevara. Días antes se había producido un estado de alarma y él se trasladó a ocupar su puesto. Durante el poco tiempo que duró la crisis, la pasamos actualizando los planes defensivos y visitando las unidades en su posición. En el recorrido cruzamos la presa del Hanabanilla y Che hizo una magnífica demostración de sus dotes de nadador al estilo mariposa.

Considerando el mando superior que la situación ya no era de tanto peligro, Che regresó a la capital, aunque permanecimos en alerta.

Al concluir la situación mencionada, Che partió para los campos de caña y desde allí nos mandó a buscar, a donde nos trasladamos en horas de la noche. Terminada nuestra información nos invitó a

148 Ibídem.

que fuéramos a cortar caña con él al otro día. El "de pie'" fue a las cinco de la mañana. Cuando nos llevaron el café, Che no lo aceptó, ni desayunó; dijo sentirse mal y le dolía mucho la cabeza, por lo que tomó un calmante. Sin embargo, a las seis de la mañana estaba en el corte, que debía durar hasta esa misma hora de la tarde.

La merienda no la consumió, pues reiteró seguir sintiéndose mal, por lo que le pedimos que dejara el corte por ese día, respondió que no podía hacerlo, pues eso le impediría obtener el bono de las 100 horas, ya que él no podía permanecer más de los diez días tomados de sus vacaciones para el trabajo voluntario. Lo cierto es que dejó el almuerzo, la merienda y solo a la hora de comida tomó una sopa. Seguía con el malestar, aunque en menor grado, según nos expresó.

Para asombro mío, me dijo que esa propia noche tendría que viajar hasta Camagüey —cerca de 150 kilómetros de carretera—, para asistir a la apertura de una simultánea de ajedrez, en la que participarían los mexicanos que mencionamos antes. Por supuesto nos opusimos debido a su estado de salud, pero de nada valió, montó en su auto y hasta la capital camagüeyana no paró.

De este hecho, recuerdan Eleazar Jiménez y José Luis Barreras que cuando ellos llegaron al local ya se encontraba Che, quien de manera jocosa les dijo: Así que yo que estoy cortando caña, llegué puntual, y ustedes se dan el lujo de hacernos esperar...

Nos dijo Barreras que él no pensó que Che pudiera asistir al torneo, precisamente por estar en el corte de caña. Además, expresó también que al llegar al aeropuerto lo llevaron a comer un rico lechón asado con su cerveza y que aquella sorpresiva comida demoró más de lo debido.

A continuación, la partida que Che jugó con las piezas negras, contra el ingeniero Armando Acevedo, campeón mexicano, la noche del 29 de mayo de 1964.

DESARROLLO DE LA PARTIDA. RUY LÓPEZ

1. P4R P4R/ 2.CR3A CD3A/ 3. A5C P3TD/ 4. AxC PDxA/ 5. 0-0 A3D/ 6. P4D PxP/ 7. DxP P3A/ 8. C3A P4AD/ 9. D3R C3T/ 10.P5R C5C/ 11. D4R CxPR/ 12. CxC AxC/ 13. A3R D2R/ 14. C5D AxP/

Bonita jugada: el Che asegura ventaja material...

15. RxA DxD/ 16. CxP+R2A/ 17. CxT P3CD/ 18. CxP A2C/

Las blancas se rinden.

Las blancas no tienen otra alternativa. Si 19. P3A, DxA; y si 19. T1CR, D5T MATE!!

Al Che le complació mucho esta victoria. En este año de 1964 clasificó en los torneos de tercera y segunda categoría.

FIDEL, CHE Y LLANUSA JUGARON A LA PELOTA

El 10 de agosto aparece en la prensa una reseña deportiva, con fotos de Fidel en posición de lanzador con los brazos en alto, la de Che, con guante, de primera base, lanza la pelota. En la otra, Llanusa batea y de fondo parte del público que presenció el partido. El pie del grabado es el siguiente:

"Sobre las 6 de la tarde de ayer llegó a Santa María del Mar el Comandante Fidel Castro, Primer Ministro del Gobierno Revolucionario, acompañado por el compañero José Llanusa, director del INDER, y el conocido mentor beisbolero Gilberto Torres. Se dirigieron al terreno de béisbol de la playa y pronto formaron dos novenas, dirigidas por Fidel y Llanusa. En la de este último el lanzador fue Gilberto Torres y en la de Fidel ocupó la primera base el Comandante Ernesto Guevara, Ministro de Industrias, quien confesó que era la primera vez que jugaba pelota. En la novena de Llanusa jugaba también el comandante Pedro Miret, que fuera futbolista en la Universidad. El juego no pudo completarse por oscuridad y terminó con ventaja de 5 por 1 para la novena de Llanusa y Gilberto, y desde luego se desarrolló en un ambiente de jovial camaradería, sobre todo por la novedad de ver a Che Guevara jugando pelota."[149]

149 Periódico *Revolución*, 10 de agosto de 1963.

No queremos discrepar con lo que escribió el cronista, pero dudamos de que Che le haya "confesado" que era la primera vez que practicaba esta disciplina, pues ya lo había hecho en varias ocasiones. Quizás el comentario estuviera dirigido al hecho de que él jugara por primera vez en ese lugar.

CON EL TERRENO ANEGADO JUEGAN A LA PELOTA

De todos los partidos beisboleros donde participó Che, el más original fue celebrado en agosto de 1964. En la revista *Bohemia* se publicó una reseña de este juego, con la firma del fallecido cronista deportivo Rubén Rodríguez: "El juego estaba pactado entre el Estado Mayor General y el Ejército de Occidente, pero la lluvia insistía en impedirlo. Nuestro gran líder Comandante Fidel Castro había salido hacia Managua pero allí la lluvia llegó primero y fue imposible jugar. Siguieron después a Mazorra y la amenaza era inminente y decidieron ir a la Ciudad Deportiva donde el compañero José Llanusa, Director del INDER, se dirigía a los alumnos del Pre-Curso de Educación Física en la Escuela 'Comandante Manuel Fajardo'. Y precisamente cuando Llanusa terminaba sus palabras arribaba Fidel.

"Llanusa invitó a los alumnos a presenciar el juego. 'Yo creo que aquí podremos jugar algunos *innings*, así que vamos a prepararnos' —dice Fidel. Rápidamente se vistieron y se organizaron las dos alineaciones. La lluvia llegó temprano pero pudieron jugar cinco entradas donde el fango hizo descender la defensiva del equipo de Fidel y provocó su derrota 7 por 5. Solo una carrera había sido limpia. El choque fue matizado con escamoteos brillantes del Che en primera y buena ofensiva de Raúl. Los comandantes Guillermo García, Fernández Mel, Diocles Torralba y otros oficiales también jugaron y a veces fueron víctimas del fango. —'No puedo impulsarme bien y no se puede jugar con el terreno así'—nos dice Fidel. 'De todas formas hemos tenido una buena práctica'— agrega el Comandante en Jefe. Fidel nos habla sobre la posibilidad de celebrar un juego con el equipo Cuba que viene de una serie en Canadá y que hasta puede enfrentarse al equipo Mazorra. 'Nosotros lo que necesitamos es un equipo que tenga buena defensiva. Acuérdate del juego en Varadero. Hoy mismo, de no haber sido por los errores hubiéramos ganado' —nos agrega..."[150]

Por lo que leemos, el reconocido cronista elogia el juego de Che y de Raúl. En las fotos que acompañan el artículo, aparece el primero bateando con el siguiente texto: "También el Che bateó un sencillo." De igual forma vemos a Raúl y su pie de grabado dice: "Fidel lanza y otra vez Raúl conecta de hit", y en otra Fidel embasado en primera.

Le faltó decir que los equipos contendientes tenían los nombres de Occidente, dirigido por Fidel, donde Che jugó la primera base, y Oriente, encabezado por Raúl. El terreno deportivo donde iban a competir pertenecía a la unidad militar en el pueblo de Managua, al sur de la capital a unos veinte kilómetros. En Mazorra jugarían en el hospital nacional de psiquiatría, donde existe un buen campo para este deporte, en la Avenida de Boyeros, pero allí los sorprendió la lluvia. Sin embargo, los empecinados jugadores no desistieron y tan pronto el agua desapareció reanudaron el encuentro, aunque el terreno estaba anegado, como se observa en las fotos. Nos dijo LLanusa que en dicho juego el Comandante Guevara sufrió un *charlie horse* y que fue atendido por el masajista Bacallao.

III CAPABLANCA IN MEMORIAM

En agosto de 1964 se llevó a cabo este torneo internacional, que Cuba había instituido. Como de costumbre, el Comandante Guevara, a pesar del poco tiempo disponible, asistió cuando le fue posible como observador. En esta ocasión, en el mes de septiembre, antes de finalizar el evento pudo medir sus fuerzas con el Gran Maestro Larry Evans de Estados Unidos, con el que hizo tablas y con el

150 Revista *Bohemia*, 21 de agosto de 1964, pp. 46-47.

Maestro Internacional, el inglés Robert G. Wade, logró la victoria en presencia del árbitro internacional José Luis Barreras.También pudo intercambiar opiniones con los Grandes Maestros soviéticos Vasili Smislov y Mark Taimanov, donde los tres analizan el final de una partida. Estos encuentros los realizaban en el local independiente del Salón de los Espejos del Habana Libre, donde se desarrollaba el torneo.

SOFTBALL

Arturo Guzmán, quien por aquella fecha fuera primer viceministro de Industrias, nos refirió que entre los trabajadores de ese ministerio organizaron dos equipos de *softball* con el fin de distraerse un rato después de la jornada del día. Algunos pensaron que Che no estaría de acuerdo con la idea; sin embargo, cuando este se enteró participó con ellos en varios partidos, pues era conocedor de que la mayoría de los jugadores regresarían a continuar sus labores hasta altas horas de la noche. La base que jugaba era la primera. Será este un nuevo deporte a incluir en los tantos que practicó el deportista Guevara.

ÚLTIMA PARTICIPACIÓN PÚBLICA EN LOS TORNEOS AJEDRECÍSTICOS Y UNA PARTIDA EN LA ONU

Por lo que nos han dicho varios de los más cercanos colaboradores de Che, cada vez que le era posible Che jugaba al ajedrez con sus compañeros de trabajo en horas de la noche. En 1964 clasificó en los torneos de segunda y tercera categoría y sería en los últimos en que participaría. En diciembre de este año representó a Cuba en el XIX período de sesiones de la Asamblea General de las Naciones Unidas. Sin embargo, a pesar del abrumador trabajo, pudo sacar tiempo para jugar ajedrez, nada menos que con uno de los agentes estadounidenses designado para su custodia. Cuenta Alba Griñán, quien formaba parte de la delegación cubana y los observó, que el policía jugaba con Che entre admirado y respetuoso y que ella posteriormente pudo enterarse de que no era la primera vez que competían.

Luego viaja a varios países africanos y a China. Regresa de esa gira el 14 de marzo de 1965. No obstante, durante este recorrido realizó varias partidas con Jorge Serguera, embajador de Cuba en Argelia en aquella fecha.

XIV. EL GUERRILLERO HEROICO NO DEJA DE PRACTICAR DEPORTES. TIRO, FÚTBOL Y AJEDREZ

El Guerrillero Heroico sale a cumplir su primera misión internacionalista al Congo, en África. Parte de Cuba el 1ro de abril de 1965 hacia Dar Es–Salam, capital de Tanzania, para entrar al primer país el 22 del mismo mes. Nos contó Víctor Dreke, segundo jefe de la misión, que también en las selvas congolesas cada vez que le fue posible a Tatu —seudónimo que utilizó en dicho país—, practicó deporte. En las primeras semanas que hubo más tiempo libre organizó competencias de tiro, confeccionó una pelota de trapo y cartón para jugar fútbol, además jugó ajedrez con los compañeros. Con uno de los que más jugaba era con el capitán Santiago Terry —*Alí* en la guerrilla— y también con el que más discusiones sacaba, pues con menos dominio del juego ciencia que él, su contrincante trataba de hacerle sus trampitas. Para los espectadores, las "broncas" entre los contendientes eran motivo de risas, debido a la tartamudez de Alí. Eso fue aprovechado por Che, quien, buscando que sus compañeros ocuparan el tiempo libre, comenzó a impartirles clases de dicha disciplina.

La misión concluye el 21 de noviembre de igual año y durante los meses que permanece en Dar Es–Salam, capital tanzana, en espera de retornar a Cuba para la preparación de su nueva misión internacionalista, suele jugar ajedrez.

Colman Ferrer (Funcionario de la embajada cubana en Tanzania en esa época): "El Che jugaba mucho ajedrez y estudiaba matemática y leía diversos libros. Una vez yo estaba un poco agotado y me preguntó qué me pasaba. Entonces me dijo: Mira, cuando tú estés cansado lo mejor que puedes hacer es ponerte a jugar ajedrez. Yo le dije: Oiga, Comandante, yo sí no puedo hacer eso, si yo estoy cansado yo no puedo jugar ajedrez."[151]

EL DOCUMENTAL DE LAS OLIMPIADAS DE TOKIO EN EL CAIRO

José A. Arbesú (Funcionario de la embajada de Cuba en Egipto en 1966): "Ellos llegaron con un itinerario falso, de El Cairo debían seguir para otro país que no era Checoslovaquia, por lo que, al otro día tuve que salir a comprarles los nuevos pasajes y conseguir las visas, para salir en el primer vuelo que existiera. Todo se resolvió y cuando regresé Ulises me dice que Che quiere ir al cine, porque ha visto en la prensa que están poniendo un documental sobre las Olimpiadas de Tokio (celebradas en 1964). El negro me dice que había hablado con él, que no era correcto ir al cine, que eso era peligroso, pero que Che lo había mandado para el carajo, que él iba. Él me pidió que yo hablara con él. Así lo hice, entonces me respondió: Si ustedes están apendejados yo voy solo al cine. No nos quedó más remedio que ir a ver el documental."[152]

AJEDREZ, FÚTBOL, VOLEIBOL Y TIRO EN PRAGA

Ulises Estrada: "Entre las razones que tenía el Che para ver el documental de las olimpiadas, era ver la actuación de Enrique Figuerola, quien había ganado medalla de plata en los 100 metros planos. En Praga el tiempo lo invertíamos leyendo y jugando ajedrez; él lo hacía casi siempre solo, utilizando un libro sobre este juego. Yo dormía mucho y fue él quien me instó a leer. De repente me invitó a

151 Entrevista del autor.
152 Ibídem.

jugar, cosa que yo no quería aceptar, seguro de su mayor conocimiento del juego ciencia; por fin acepté y algunas veces 'ganaba' yo, lo que no me entusiasmaba mucho..."[153]

Una nueva prueba de su pasión deportiva nos la narró el estomatólogo y oficial del Ministerio del Interior por aquel entonces, Luis Carlos García Gutiérrez, a quien todos conocen por Fisín. Él también permaneció unos días con Che en Praga: "Una mañana salimos a realizar un recorrido por las afueras de Praga y nos introdujimos en un bosque. Allí había un grupo de muchachos practicando fútbol y Che se puso a jugar con ellos, permaneciendo un largo rato corriendo de un lado a otro, y por lo que vimos lo hacía muy bien, se le veía feliz... Yo no sabía que él jugaba ese deporte. Luego nos contó que lo hacía desde muchacho y nos habló de otros deportes que practicó. Así pude enterarme de otra faceta de su vida, el deporte. Íbamos tres, el otro era Pachungo."[154]

Evidentemente que aquel momento debió de ser de mucha alegría para él, pues después de muchos años practicaba uno de los deportes que más le hacía disfrutar. Muchos recuerdos debieron venir a su mente, desde su infancia en Alta Gracia, su adolescencia en Córdoba y su adultez en Buenos Aires, cuando con sus amigos y compañeros de estudios correteaba de un lado a otro de la cancha pateando la pelota negra y blanca, aunque a ratos tuviese que recurrir al inhalador antiasmático.

José Luis Ojalvo (Funcionario del Departamento América que trabajaba en Praga. Fue el encargado de atender a Che durante su estancia en esa ciudad luego de salir de África): "Una vez instalados en la finquita, Che y Pachungo, el comandante continuó la preparación física que realizaba en el apartamentico, incrementándola con caminatas y juego de voleibol, para lo que mandó a comprar una *net* y la colocamos en la parte trasera de la casa. También se adquirieron dianas para un campo de tiro, que situó en un área aparte del

153 Ibídem.
154 Ibídem.

terreno, utilizando el grueso de un tronco de un árbol. El arma, era una pistola especial de calibre 22.

"Los partidos de voleibol la mayoría de las veces eran uno contra uno y en ocasiones de dos o tres en cada bando. Esto ocurría cuando pasaban cubanos que él permitía que fueran o pararan en la finquita. Recuerdo entre estos a Pombo y a Tumaine. Por supuesto yo también jugaba. Por las mañanas se realizaban ejercicios físicos y largas caminatas por los bosques cercanos y se jugaban varios partidos de voleibol. En la tarde, teníamos invariablemente la competencia de tiro. Che llevaba de forma muy severa las puntuaciones de cada uno de los compañeros, tanto en el voleibol como en el tiro. Lo recuerdo pegado al radio con mucho interés escuchando los juegos del campeonato mundial de balompié del año 1966."[155]

REGRESO A CUBA. TIRO, ALPINISMO,NATACIÓN Y AJEDREZ, SUS ÚLTIMAS ACTIVIDADES DEPORTIVAS

Durante su entrenamiento en Cuba para seguir prestando su ejemplar esfuerzo internacionalista, el Guerrillero Heroico, luego del agotador ejercicio impartía clases de francés, quechua, idioma de los indios bolivianos y otras asignaturas, a un grupo de los combatientes que se preparaban junto con él. Como recreación contaban con una piscina y varios juegos de mesa: dominó, barajas, damas y ajedrez. La natación además de recreativa, era parte del entrenamiento, así como las prácticas de tiro y las largas marchas por las montañas, lo que se puede comparar con el alpinismo.

En el tiempo libre se podía realizar cualquier actividad recreativa. Por supuesto, cuando no leía o estudiaba, Che jugaba ajedrez con los que gustaban del mismo. En alguna ocasión, nos contó Dariel Alarcón, *Benigno* en la guerrilla boliviana, que se distraía toreando un pequeño ternero.

155 Ibídem.

Luego se iría a Bolivia donde ofrendó su preciosa vida, cuando combatía por la Revolución de ese país hermano y de toda la América Nuestra. Según testimonio de Dariel Alarcón, Che practicó el ajedrez. Los tableros eran de los pequeñitos, para utilizar en los viajes. Nos dijo también que Che les indicó a algunos de los compañeros que durante el traslado a Bolivia lo compraran en algunos de los países intermedios. Agregó que realizó una simultánea a ciegas con varios guerrilleros. Las partidas de barajas fueron otro entretenimiento.

Esto pudo realizarse en los primeros días, posteriormente no le fue posible practicar deporte alguno en esa, su última jornada de lucha, que lo inmortalizaría definitivamente.

Hasta aquí hemos entregado al lector, de su vida intensa, apasionada, llena de entrega y de grandeza, lo que tiene que ver con el deporte. Como quedó expuesto desde un inicio, no son estas páginas una biografía, ni lo pretendieron, sino la muestra de una faceta del quehacer humano de ese grande hombre que fue Ernesto Guevara de la Serna, *Che* para la historia.

Pudiera inferir un biógrafo especializado que su faceta deportiva resultara ser, a la postre, una manifestación "lateral" de la personalidad competitiva del gladiador social que finalmente fue, del revolucionario que resultó ser y que lo llevó a enfrentarse y a acometer el gran desafío del mejoramiento humano, de la lucha contra la injusticia social, el imperialismo omnipotente.

Es coherente en él como luchador, la aparición y la manifestación de ese espíritu competitivo que identifica a todo deportista verdadero. No es en lo absoluto casual: el deporte es en Che una arista visible de su personalidad, de su ego más identificador.

Hombre de vasta cultura y deportista de corazón y de recia voluntad, su desempeño social se agigantó al extremo de opacar, o aun de ocultar, para muchos, aquellos otros significativos componentes de su vida.

Mostrar separadamente su faceta deportiva no desdibuja al grande hombre, al héroe,al revolucionario. Por el contrario, reafirma su vocación profundamente humana. Che fue un apasionado deportista que disfrutó plenamente de los deportes que practicó y amó;

que comprendió, en la nueva sociedad que tan ejemplarmente contribuyó a construir, el papel formador de las disciplinas deportivas, en lo psíquico, en lo físico y hasta en lo social. Partió de su propia experiencia personal para valorar acertadamente la importancia individual y social del deporte. Asmático, asumió ese impedimento como un acicate más, también en cuanto a lo deportivo.

Incontables jóvenes del mundo, intelectuales, artistas, revolucionarios, luchadores sociales, enarbolan la imagen de Che, veneran su legado, asumen su mensaje; también, numerosos deportistas y con toda razón. Para todos ellos, es este libro.

Resta ahora que el lector decida lo que fue planteado en la introducción, si era o no *Che deportista.*

ANEXO 1

La primera crónica de Ernesto Guevara de la Serna, *Chang-cho* es publicada en la revista *Tackle.*

ATALAYA Y LAS TERCERAS

En las divisiones inferiores, que luchan por el ascenso, el panorama general se desdibuja para concentrarse en la figura del equipo ganador,que adquiere así el derecho de disputar el campeonato de la categoría superior.

Tres equipos que contaban solo con tercera, y uno, Obra Sanitaria,de veteranos, llegaron a las semifinales.

Se midieron Banco Nacional y Atalaya, imponiéndose el segundo en un partido pobre, debiendo su triunfo a errores de la defensa contraria, más que a virtudes propias.

Obras ganó a Correos y Telégrafos en un partido pobre de juego confuso.En la final del equipo Atalaya, a pesar de ser dominado territorialmente y en juego, pudo imponerse en tiempo suplementario, conquistando el ascenso.

En general, el campeón mostró un *pack* aguerrido y que sabe jugar la pelota, pero con marcada tendencia al juego individual.

Los medios no supieron dar juegos a la línea, que se movía bien en los partidos fáciles, pero quedaba completamente aislada cuando las terceras líneas rivales llevaron una marcación más rígida, lo que es lamentable, pues todos sus integrantes saben entrar y juegan bien la pelota.

El *full–back* Montaña se mostró muy seguro de manos, bien colocado y poseedor de una larga patada que encuentra bien el *touch*, siendo su único punto flojo cierta indecisión para tacklear en algunas oportunidades.

Bollini es un *win*, tackleador y sobre todo juega la pelota con mucha inteligencia. Bochate, y su colega de la otra ala, es muy penetrante y escurridizo, pero falla algo en defensa.

Schmilgellow fue un *insider* entrador y con visión de la oportunidad,pero algo flojo en el *tackle*, mientras que Donat, seguro en defensa, es poco lento para el puesto.

Elizalde, como medio de apertura, no movió la línea con la asiduidad que debiera y abusó del *kick*, dando la impresión de que siente el peso de sus campañas. Calarraga, otro veterano, eficaz en el juego suelto y de buen *tackle*, abusó de la cortada desde la base del *scrum*, y sirvió su línea en forma lenta y con pases de cortar trayectoria.

Pasman fue un tercera centro con clara noción de su puesto, cubriendo muy bien la cancha, mostrando tanto la seguridad de su *tackle*,como que sabe usar su poderoso *kickes* en defensa y ataque. Sicardi es un ala que juega constantemente sobre la pelota, tackleando sin resuellos y encabezando las cargas con gran entusiasmo. Cometto, aunque no tan dinámico como su compañero, tiene un *tackle* que impone respeto a la línea contraria.

Los hermanos Maschwitz, eficaces en el *line–out*, forman una segunda línea sólida, mostrándose más trabajador y ordenado Enrique, más brillante e individualista Eduardo. Sarandón muy empeñoso en el juego suelto y toda una garantía en defensa,mostró tendencia a la acción individual como su compañero Bustillo, de un dinamismo admirable. Quijano fue *hooker* eficaz en su labor específica y muy trabajador en el juego suelto.

En otros equipos pueden citarse al de Veteranos de Hindú, dueño de un *pack* impresionante; el de Olivos,con una una línea bastante buena; Lomas, que, puntero en su zona durante todo el campeonato, aflojó al final, y un equipo de gran porvenir; Old Philomathians, que tiene gente joven y que juega muy buen *rugby*.

CHANG-CHO

Le sigue un encuadre que dice: Las fotografías de este número son gentileza del *Gráfico, Mundo Deportivo* y Gonzalito de la Cancha.

El texto de la foto que acompaña la crónica es el siguiente: ATALAYA POLO CLUB, equipo de tercera división que ganó el ascenso a 2da en 1950.– De pie: Kember (referee) Maschwitz; Montaña; Pesman; Cometto; Maschwitz; Bustillo; Giménez (sic) Melo; De Elizalde; Calarraga *(linesman)*, y Taubensdlang. Sentados: Sicardi; Schmiegelow; Donat; Sarandon (Cap.); Bochatey; Quijano y Bolline [156]

Queda evidenciado que el cronista domina el tema y que es muy observador de los detalles del juego. En el proximo número del 12 de mayo,en las páginas 12 y 14, defiende la necesidad de la ayuda que requiere el *rugby* en las demás provincias del país:

Rugby en el interior

No interesa en esta nota dar una síntesis del desarrollo de tal o cual torneo, organizado por alguna Unión del interior, sino un panorama general de las necesidades del *rugby* en las provincias.

Las condiciones son muy distintas de las del *rugby* de la Capital, ya que allí, fácilmente la mitad de los clubes son instituciones que tienen un nombre y el color de la camiseta como únicas propiedades. Se juegan los partidos en una o dos canchas duras como piedras, y se está siempre con el temor de que se retire el permiso para utilizar el terreno como campo de deportes.

En realidad, quizás el punto inicial de todo este panorama sea la falta de núcleos de población de nacionalidad inglesa en el interior. De este modo la iniciación ha sido implantada por algunos entusiastas, viejos jugadores que por sus ocupaciones dejaron Buenos Aires, y se reunieron para continuar la práctica de su deporte favorito. Mientras en esta ciudad los iniciadores eran gente de dinero que podían aportar capital y formar clubes agradables respaldados por el entusiasmo de un núcleo grande en las ciudades del interior, no prendió el *rugby* entre las clases adineradas más apegadas a la

156 "Atalaya y las terceras". Revista *Tackle*, Buenos Aires, 5 de mayo de 1951, p. 13.

tradición y,salvo excepciones, lo practica una pequeña burguesía, gente que puede poner mucho entusiasmo al servicio del deporte, pero nada más. Todo esto provoca un círculo vicioso: la falta de interés hace que el público no conozca el deporte, y al no conocerlo, evidentemente es difícil iniciar su práctica.

Los cargos oficiales no están ocupados por viejos jugadores, que por recuerdos cariñosos podrían facilitar canchas o algún vestuario, y las gestiones se estrellan ante gente que no tiene ningún interés por el *rugby* y desconocen sus necesidades. También existe el problema de algo que ocurre en Buenos Aires con relación al exterior y que es muy marcado en las provincias: la falta de competencia con gente de otro medio. Cuando vinieron a la Argentina los equipos ingleses y franceses nos quedamos admirados viendo juegos de alta categoría y aprendimos algo ignorado en nuestro medio: el *rugby* bien jugado es un grato espectáculo aun para quienes desconocen totalmente sus reglas; tuvimos oportunidad de ver gente que era la primera vez que concurría a un partido y sin embargo estaban entusiasmadas como cualquier iniciado ...Lo mismo ocurre en el interior: cuando frente al juego cerrado de *forwards*, la patada al *touch*, una montonera, una nueva patada, etc., se colocaron equipos que hacían juegos de conjuntos y movían ágilmente la línea, el *rugby* ganó muchos adeptos como espectáculo, y por ende, futuros jugadores. Por ello es realmente lamentable que este año no se realicen jiras (sic) como en el pasado y sería bueno que se encontrara la forma de dejar un número impar de equipos en primera división y hacer que el club "bye" vaya al interior. Así, el esfuerzo de tanto *pioners*, al ver a sus equipos jugando cada vez mejor contra los de Capital, sería recompensado en parte. Y sobre todo estos magníficos juegos se difundirían por todo el interior y se podría formar conjuntos capaces de ganar un campeonato argentino, por ejemplo, o darle más interés a la lucha por el primer puesto, que actualmente es obligatorio disputar entre Capital y Provincia.

No es nuestra la pretensión de ver un campo de *rugby* en cada pueblo; conocemos los peligros que encierra la difusión exagerada de un deporte, pero pretendemos en cambio que puedan constituirse clubes cuya actividad primordial sea el *rugby*, como hay muchos en la Capital, y no que este sea considerado un deporte secundario y se le dé un lugar para satisfacción de unos cuantos socios. Cuando se cumpla esta aspiración nuestra,el *rugby* argentino tendrá jerarquía internacional.

Cada vez que pisamos una cancha, con sus pastos, sus líneas marcadas, vemos los vestuarios, la ducha de agua caliente, el bar, es decir todo lo que hace un club, no podemos menos que acordarnos de nuestra iniciación en el *rugby* cuando en una ciudad del interior concurríamos diez voluntarios, sacábamos dos audaces de entre un grupo de curiosos, entrábamos a la cancha a disputar el partido, "relojeando" la ropa por las dudas. Al fin del *match* cambiábamos los zapatos, nos poníamos los pantalones y todo listo. El tercer tiempo, esa bella costumbre rugbística, era algo tan desconocido como todas las comodidades arriba citadas, que contribuyen a hacer de este deporte algo tan agradable.

CHANG-CHO

La foto que acompaña el comentario es la número 12, fue tomada en Córdoba y tiene el siguiente texto: Véase cómo algunos equipos del interior, ni siquiera para sacarse una fotografía, logran reunir 15 jugadores.[157]

El 19 de mayo aparece, en la página 4 de la revista la tercera crónica de Ernesto,dedicada al resultado de un partido:

PUCARÁ FÁCIL

Pucará 17 –Rosario O

En un día sumamente caluroso y húmedo vimos como Pucará anotaba su segundo triunfo en el torneo Invitación.

Rosario entró solo con ánimo de no sufrir una gran derrota; esta predisposición es la que le restó codicia al *team*, que en un momento dado perdía 6 a 0, y no intentó sobreponerse a un adversario excesivamente confiado y que jugó por momentos caminando,cuando pudo estar en condiciones de hacer disminuir esa ventaja.

Pucará hizo juego de *forward* en base a su *scrum–half* Erhman, motivado ello quizá por su poco entendimiento con su nuevo *stand–off*

157 "Rugby en el interior". Revista *Tackle*, Buenos Aires, 12 de mayo de 1951, p. 12.

Carou. Así la línea de *backs* abandonadas por sus medios se debió arreglar con las pocas pelotas que tomaba y en base a la buena acción de Fernández obtuvo un *try* a los quince minutos. Nuevamente Fernández, a los veintitrés, cortó la línea, habilitando a Iglesia, que al no encontrar frente a sí a ningún *back* contrario, pudo dejar atrás a Cripovich y anotar un segundo *try* no convertido.

Vinieron luego unos minutos en que la pesadez de la cancha se notó en los *forwards* de Pucará, lo que pudo aprovechar Plaza para descontar ventajas; pero el ya comentado espíritu de triunfo conspiró contra ellos.

Al iniciar el segundo *half* se notó un Pucará más animoso, que logró coordinar jugada en forma esporádica; así, vimos jugar al campeón de a ratos.

A los veintinueve minutos, aprovechando una mala jugada del *full-back* rosarino, Lourés anotó otro *try* no convertido. A los treinta y un minutos, en base a una cortada de Erhman, quien dio a Iglesia, volvió el juego adentro y luego de pasar la pelota por varias manos la tomó Carou, elevando así el *score* a doce tantos, pues este *try* tampoco fue convertido.

A los treinta y tres minutos Palma en base a una buena jugada personal, anotó el último *try* de la tarde, que Iglesia elevó a *goal*.

En Plaza fue Recagno muy emprendedor, pero aún no se halla en el campeonato de la U.R.R.P. Creo dará más día a día. Laverello estuvo activo y fue el más trabajador de su *team*, junto con Cripovich, mal ayudado por Casals, sumamente lento. Farr fue un jugador seguidor y útil a su *team*; Lo Cicero, quien debe pulirse, es empeñoso y trabajador y creemos dará mucho al ir asimilando el juego porteño.

En Pucará, Domínguez, que dominó en el *line-out*, y Laborde, que hizo derroche de energía, entre los *forwards*: Erhman, que a pesar de demostrar su reconocida clase de juego suelto equivocó el camino al cerrar demasiado el juego, y Fernández, muy positivo, fueron las figuras centrales del equipo.

CHANG-CHO

El artículo no tiene foto. [158]

En las revistas del 26 de mayo, 2; 9 y 16 de junio no aparecen crónicas de CHANG-CHO, pues estaba navegando como enfermero en el barco *General San Martín*. Volverá a tierra el 16 de junio por el puerto de Buenos Aires y será este su último viaje.

En la revista del 26 de mayo, en la página 5 aparece una crónica sin firmar donde está incluido en la relación de los jugadores su hermano Roberto, con la inicial del nombre y el apellido: San Isidro Club: R. Gil; Rodríguez Mentasti, R. Guevara, M. De las Carreras y R. Leanes; Maratea y A. Peró; M. Villalonga, E. Medina y Ricardo Rodríguez Loredo; L. Glastra y C. Morganti; Raúl Rodríguez Loredo, T. Marenco y L. Arce. También hace mención de la actuación de Roberto. En las páginas 3 y 4 de la revista del 23 de junio reaparecen las crónicas de CHANG-CHO:

EN *MATCH* POBRE GANÓ OLD GEORGIANS
Old Georgians 17 - Estudiantes 11

El partido fue confuso, no se notó en ninguno de los equipos disposición para el juego de conjunto, ni capacidad para coordinar jugada de calidad.

Hasta que se lesionó el *full-back* Mac Hardy, impresionó mejor Old Georgians pero a partir de este momento Estudiantes se mostró más dispuesto, equivocando sin embargo, la táctica a seguir, ya que buscó el *touch* con insistencia cuando precisamente lo que le convenía era jugar con la pelota.

Reducido a la defensiva, Old Georgians contraatacó mediante el esfuerzo individual de algunos de sus hombres y distribuyó su tercera línea por toda la cancha en apoyo de su débil línea de *back*, que no tackleó lo necesario. Demostrando más inteligencia, y sobre todo, mejor conocimiento de las reglas del juego, Old Georgians triunfó, ayudado por la puntería de Jones, que convirtió cuatro tiros libres y el *try* de Huxley, y la falta de penetración de los tres cuartos visitantes.

158 "Pucará Fácil". Revista *Tackle*, Buenos Aires, 19 de mayo de 1951, p. 4.

El mejor entrenamiento de los Paraná les permitió descontar ventajas al final del *match* y colocarse a tres tantos del rival, con posibilidades de quebrar nuevamente la defensa de Old Gee's, pero una oportuna escapada de un defensor local, coordinada con una grosera falla de un paranaense, permitieron a Jones elevar el tanteador, cuando faltaban escasos minutos.

En resumen, fue un mal partido, en que triunfó el que desaprovechó menos las fallas rivales. Estudiantes debe hacer que sus hombres estudien el reglamento y practiquen jugadas, sobre todo, los del *offsides* y "el hombre tackleado", que parecen desconocer.

El *pack* de Old Georgians llevó el peso del partido, defendiéndose con denuedo cuando "las papas quemaban", pero siempre sin hacer juego de conjunto y aprovechando la disposición de algunos de sus componentes. Por su oportunidad y lo recio de su defensa se lucieron Swain, Huxley y Tomkins.

Jones y Palmer se entendieron bien y variaron el juego con inteligencia, en especial el medio de apertura, penetrante y de muy buen *kick*.

La línea no es mala en ataque pero flaquea bastante en defensa y carece de garra para definir jugadas. Si no fue quebrada más veces se debe a la ineficaz acción ofensiva del perdedor.

Los *forwards* de Estudiantes se mueven con mucho empuje y en el juego suelto son peligrosos por su empeño, pero tienen fallas garrafales y hacen algunos *offsides* inconcebibles.

La pareja de medios no se entendió y no supo acomodarse a la situación. Sabattini estuvo muy impreciso en los pases, aunque carga bien el medio contrario, y Delcalsé recibió parado la mayoría de las pelotas de peligrosidad.

En la línea Esnaola mostró sus virtudes de pateador, convirtiendo un tiro libre y un *drop* relativamente difícil y el *try* de Godoy. Y este, fuera de forma y sin pique, fue con todo el más decidido de los tres cuartos, y su conquista lo consiguió a fuerza de empuje, brindando un emotivo suspenso, al eludir adversarios dentro del *ingoal* en un desesperado intento por llegar bajo los palos locales. Domingo discreto.

Equipos:

Old Georgians: Mac Hardy, Hags, Brandon, Chiwell, Sydal, Palmer, Jones, Follet, Swain, Wells, James, Migotti, Huxley, Dugall, Tomkins.

Estudiantes: Domingo; Games, Gallino, Esnaola, Godoy, Sabattini, Delcalsé, Badano, Benavente, Ballesteros, Saluzzio, Ascioni, Castello, Kauffmann, Camaleros.

Finalizando el partido el capitán de Estudiantes, señor Benavente, descubrió una placa recordatoria del malogrado internacional argentino Barry Holmes, agradeciendo, en nombre del club, el presidente, señor Huxley.

Es digno de hacer notar que la placa fue adquirida con el importe de la venta de "Por qué suena el silbato", editado por la Unión del Rugby del Río Paraná.

CHANG-CHO

Una pequeña foto de la placa aparece en página 3: IN MEMOMORIAM WILLIAM BARRY HOLMES/ LA UNIÓN DE *RUGBY*/ DEL RÍO PARANÁ./ 17 DE JUNIO DE 1951[159]

La quinta de sus crónicas, tiene fecha 30 de junio.

E L C.A.S.I. IMPUSO SUS TRES CUARTOS

(Luego aparece una foto a media plana, de varios jugadores en el terreno: Forcejean los *forwards* en procura de la pelota.

Esta fue una de las características del primer tiempo.)

LUCIÓ EL PACK DE LA A.D.F.

Dos características fundamentalmente opuestas ofreció este partido: en una, durante la primera etapa, el recio y disciplinado *pack* de Deportiva arrolló al de su rival imponiendo su juego cerrado; en el segundo, bien aleccionados, los medios de C.A.S.I. alimentaron constantemente a las líneas y, en virtud de este hecho, el resultado varió también fundamentalmente.

159 En match pobre ganó Old Georgians". Revista *Tackle*, Buenos Aires, 23 de junio de 1951, pp. 3-4.

Se observaba, durante la primera etapa, que los *forwards* visitantes, aún con la pelota, en los *scrums* volantes consecutivos a los *lines-outs*, preferían iniciar *rushes* a taconear, para alimentar su línea. El empuje de estos *rushes* hicieron vacilar y desorientar a la defensa del C.A.S.I. Por obra de la superioridad de sus delanteros obtuvieron dos *tries* de parecida factura luego de montoneras cercanas al *ingoal* local. En esta etapa C.A.S.I. solo logró tres puntos merced a la conversión de un tiro libre otorgado por un claro *tackle* sin pelota al medio *scrum* de este equipo. Ya en este período habían insinuado los locales la peligrosidad de su línea, en dos o tres corridas bien llevadas.

Al iniciarse el segundo tiempo, se vio abrir frecuentemente a la línea de C.A.S.I., lo que rápidamente dio sus frutos, en forma de un lindo *try* de Caide, rematando una jugada en la que la pelota pasó por las manos de todos los tres cuartos y varios *forwards*. A partir de aquí, C.A.S.I. fue definitivamente más equipo, conquistando otro *try* de línea por intermedio de Guastavino.

En C.A.S.I., el *full-back* Calónico mostró buenas manos y acertada colocación, pero su *kick* no encuentra siempre el *touch*, y a veces desaprovecha el poder de su patada, sacando corto, y en los momentos de apremio reveló una o dos indecisiones peligrosas.

La línea fue lo mejor de los locales, jugando todo con mucha pujanza, gustándonos por su empuje el *win* Caride. La pareja de medios no se entendió bien al principio, pero cuando el medio *scrum* se sacó de encima el "complejo de la primera", sirvió buena pelota, aunque siempre un poco cortas, y desde este momento empezó a caminar la línea.

Los *forwards* fueron superados en las formaciones fijas y en el juego suelto, aún en los momentos de dominio sanisidrense. Sus mejores hombres fueron Allen Aldao y Dupont.

El *full-back* Bermúdez, en Deportiva Francesa, tiene buenas manos, una soberbia patada que encuentra el *touch* y un recio *tackle*, pero tiene tendencia a abandonar su puesto, comprometiendo a veces a su equipo.

La línea de tres cuartos, voluntariamente olvidada por sus delanteros, mostró poca penetración aunque juega bien en defensa, destacándose Fenoglio, autor de un *try*.

Los medios no hicieron un buen partido: abusando Frascarrelili de los tiros al *touch* o de las "mandadas" entre los *forwards*, y recibiendo Urquiza, casi parado la pelota y sin mostrar tendencia a alimentar su línea.

El *pack* de *forwards* es indiscutiblemente lo mejor del conjunto, juegan muy unidos y sin tregua; su tercera línea cubre toda la cancha en defensa, y encabeza los ataques. Se destacaron Racimo, Mackay y Caballés, que hookeó muy bien.

En el primer tiempo, *scrum-try* de Deportiva Francesa y *try* de Fenoglio. C.A S.I.: *Penalty-goal* de R. Ochoa.

En el segundo período: C.A S. I.: gol de Calónico por *try* de Caride, gol de Ochoa por *try* de Guastavino.

CHANG-CHO

Debajo de la firma aparece otra foto: Bermúdez gran figura de la A.D.F., se apresta a patear al *touch*.[160]

La revista no salió el 7 de julio, por sumarse a la fiesta patria, pero el 14 estaba de nuevo en la calle. Tampoco en esta oportunidad escribió CHANG-CHO, pero en la página 4 aparece una crónica del juego del anterior domingo, entre S.I.C. y CURUPAYTI, que resultó empatado a tres, donde se menciona a Guevara: "...tomó la pelota Rodríguez Mentasti, y al ser tackleado por Di Pasquo, pasó a Guevara, quien tuvo inconveniente en apoyar..." El artículo lo firma Chiquilín, que es el seudónimo de Roberto Guevara.

De acuerdo con la explicación que aparece en la primera página de la revista del 28 de julio, el número del pasado 21 no salió por la carencia de papel en el país. Agrega que a partir de esta fecha la publicación será quincenal, lo que no pudo realizarse, no ya por falta de papel, sino por los escasos recursos económicos de los editores.

160 "El C.A.S.I impuso sus tres cuartos". Revista *Tackle*, Buenos Aires, 30 de junio de 1951, pp. 8-9.

Será el 28 de julio de 1951, fecha de la última revista *Tackle*. También lo será de la sexta y última crónica de CHANG-CHO.

ANGUSTIA EN LA COLA

Beromama 6 - San Martín 9

A través de parecidas tácticas y defectos, el triunfo favoreció a quien demostró poseer más conocimiento del juego, incurriendo en menos faltas; ya que la diferencia de tres tantos es el producto de un penal más a favor de San Martín.

Difícil es señalar etapas del juego o períodos de dominio, ya que todo el desarrollo del enredado *match*, fue un famoso, casi desesperado intento por hacer llegar la pelota al *touch*, tarea monótona en la que el ganador demostró algo más de efectividad.

En la enredada puja de *forwards*, mostró el *pack* de Beromama más disposición para hacer las cosas bien y mayor afán de mover ayudado por el buen *hoocking* de Leuthol en las formaciones fijas. Pero a medida que transcurría el tiempo, la simple razón física del peso, fue inclinando la lucha a favor de los delanteros visitantes, ayudados, también, por una razón psíquica: Beromama estaba entregado a su suerte.

Ambas líneas, carentes de apoyo, demostraron una idéntica incapacidad de ataque, limitándose a hacer corridas diagonales y la preciada salvación del *touch*, precario norte de casi todos los jugadores de la cancha.

A poco de iniciado el encuentro, no claro *off-side* de un defensor local, permitió a Vergeli, poner en ventaja a su equipo. Afanosamente buscó el empate Beromama merced al empuje de su *pack*, empuje que no encontró correspondencia en los medios, ya que Gorra Zabala es lento para abrir y se dejó cargar los *scrums* fijos y Rondineau pateó todas las pelotas que le llegaban o se dejaba tacklear con ella; aunque es necesario apuntar, en su descargo, que convirtió un magnífico *drop*, logrando transitorio empate. Siguió el cotejo con dominio alternado y parecidas características, logrando Penachi un *try* a la salida de un *scrum*, ayudado por la falta de *tackle* de los defensores locales.

En la segunda etapa, Beromama fue dominado, al principio, siendo penado con un tiro libre, cuya espléndida conversión a cargo de Vergeli, definió el partido. Aquí se entregaron completamente los perdedores; su *pack* fue dominado en todos los aspectos del juego y el ansia de triunfo, cualidad que debe ser primordial en un conjunto de primera, solo asomó tímidamente cuando Dublanc, con una patada contra su *ingoal*, regaló un *try* a De Marini; sin embargo, ya era tarde: los delanteros dominados y los tres cuartos inoperantes, fueron impotentes para quebrar la defensa de San Martín.

En el ganador los *forwards* jugaron bien, pero abusaron de los forcejeos y de más afortunado en su tarea de cargar al medio contrario que en la de dar juego a su propia línea, tarea que rehuyó todo lo posible, y en esta, Calvete y Conti demostraron voluntad de hacer las cosas lo mejor posible.

En Beromama, Morcillo, Leuthol y Vergnes entre los *forwards* y De Marini en la línea, fueron nombres destacados.

No podemos dar como definitiva la situación del perdedor, pero su angustiosa posición: último a tres puntos del rival más cercano, debe llamar a la realidad a los integrantes de este conjunto y hacerles comprender que un equipo de primera división debe entrar a la cancha a ganar, así juegue contra el campeón, ya que jugar para no perder, o perder por poco, es, como pueden apreciar, una mala táctica.

CHANG-CHO

Dos fotos acompañan la crónica, la primera Vergnes hábil *foward* de Beromama, parando un *dribbling*. Fue mejor el *pack* de ese equipo. La segunda, nuevamente Vergnes en acción: abre a su medio *scrum* Gorra Zabala.[161]

161 "Angustia en la cola". Revista *Tackle*, Buenos Aires, 28 de julio de 1951, pp. 8-9.

ANEXO 2
MÉXICO. II JUEGOS PANAMERICANOS DEL 12 AL 26 DE MARZO DE 1955

En busca de las crónicas de este evento reportadas por la Agencia Latina (AL), visitamos la Biblioteca del Congreso Argentino en Buenos Aires y con la amable cooperación del bibliotecario Alberto Román Sayús solamente las encontramos reflejadas en los diarios *Noticias Gráficas* y *El Mundo*. Sin embargo, no obtuvimos todos los periódicos, y en los encontrados no existía toda la información, lo que nos obligó a utilizar la aparecida en otros diarios, para completar la idea de lo que allí observó y tal vez informó, el reportero Ernesto Guevara Serna, como aparece en la credencial que poseía.

Esta investigación la trató de realizar el compañero Iván López, pero para ello requería de muchos días, y por la premura de su viaje a Argentina y trasladarse a otras ciudades no le fue posible llevarla a cabo. Por lo tanto, en esta nueva edición, las crónicas de los II Juegos Deportivos Panamericanos sufren cambios en su redacción.

La información se iniciará a partir del comienzo de las competencias. Las fechas que ponemos pertenecen al día que estas se efectuaron, a que es cuando Che toma las fotos y escribe sus crónicas, aunque aparecieron en los periódicos al siguiente. Aclaramos que AL tenía varios reporteros y al ser publicada la crónica no aparece la firma del autor, por lo que no es posible determinar a quién pertenece.

De igual forma no es posible recoger toda la información, pues el anexo tomaría más páginas que el texto del libro. Tomamos las que consideramos eran de mayor interés para AL, a partir de lo que nos contara Severino Rosell.

SÁBADO 12

Día de la inauguración.

DOMINGO 13

En Cleveland los próximos juegos.

MÉXICO. 13 (AL).- La ciudad de Cleveland, en el Estado norteamericano de Ohio, ha sido declarada sede de los Terceros Juegos Deportivos Panamericanos. Fue con intervención del delegado argentino, señor Carlos Juárez que se solucionó el problema, pues habían solicitado la sede Chile, Brasil y Guatemala que, finalmente renunciaron su solicitud para conservar la armonía del congreso... (*El Mundo*, 14/3/55)

En su primer partido de fútbol, Argentina derrotó a Antillas Holandesas 2 a 1. México y Venezuela empataron a un gol.

Basketbol. En el partido inaugural, el as olímpico, Oscar Furlong, condujo a la Argentina a un abrumador triunfo contra Venezuela. En el femenino, Chile venció a México y EE.UU. a Brasil.

Para Che no debió ser difícil escribir sobre estas disciplinas, pues la primera la dominaba perfectamente y la segunda la practicó durante su estudio del bachillerato.

25 000 personas presenciaron las primeras pruebas atléticas. La argentina Ingeberg E. Fuller mejoró el récord panamericano femenino del lanzamiento del disco: en su primer tiro registró 38.74 metros. El récord anterior lo poseía su compatriota Ingeborn Mello. En los restantes lanzamientos, la Fuller, registró 40.30 y 41.63 metros.

Alejandrina Herrera, de Cuba, rompió el récord de su país en disco, superando sus actuaciones anteriores, pero fue derrotada por las argentinas.

En la prueba de 10 000 metros planos se impuso el argentino Oswaldo Suárez, seguido por el fondista mexicano Vicente Sánchez y el chileno Jaime Correa.

Las tres series de los 60 metros fue ganada por las norteamericanas Mae Fagas, Isabel F. Daniels y Mabel Landry. La argentina Gladys Erbetía quedó segunda en la última prueba.

En esgrima los triunfos obtenidos por Argentina la colocan entre los más serios candidatos para adjudicarse el cetro.

LUNES 14

En este día, lo más sobresaliente para los argentinos, reportado por AL, fue el segundo triunfo en fútbol contra Venezuela, 5 por 0, partido celebrado por la noche con más de 10 000 espectadores en el estadio universitario.

Los argentinos mostraron una superioridad manifiesta de principio a fin, a base de pases cortos y de un juego recio que frecuentemente degeneró en rudeza y envolvieron al once contrario. De hecho, el partido fue entre un equipo de técnica muy perfeccionada y otro carente de toda técnica.

El púgil argentino en la categoría de los livianos, Ángel Péndola, derrotó por K.O. técnico al brasilero Silvio Siguirielo. En la categoría gallo, el argentino Ángel Jiménez perdió por decisión, frente al venezolano Salvador J. Enrique.

En *Noticias Gráficas*, con fecha 15 de marzo, aparece una foto del primero: "Péndola, nuestro representante peso liviano de boxeo amateur, que lograra un categórico triunfo en los II Juegos Panamericanos.

El deporte de los puños también fue practicado por el reportero Ernesto Guevara, por lo que no le sería difícil describirlo. Tal como con el tenis, que le sigue en la crónica, pues lo jugó desde pequeño en su país.

En el tenis, en las eliminaciones, Argentina se anotó cuatro triunfos, México tres. Brasil, que resultó la mayor sorpresa de la tarde y Estados Unidos uno.

En la cornpetencia de florete, Argentina, México y Estados Unidos quedaron empatados al terminar la tercera ronda en horas de la noche, a dos victorias y una derrota por equipos.

Según lo que dice el padre, su hijo también practicó esgrima, por lo tanto, este deporte tampoco le era desconocido.

MARTES 15

En tenis, Enrique Morea sigue alcanzando caracteres notables. El venezolano Córdoba no pudo contrarrestar su fuerte juego y cayó vencido. Lo lamentable fueron las derrotas de Mary Terán de Weisa —lesionada en un hombro— y Viola Levetti, por las brasileras María E. Bueno e Ingrid Metzner.

Según Roberto, la tenista Viola apoyó a Ernesto en su trabajo como reportero de los juegos.

El deporte de los forzudos, será la primera vez que lo observará, pues no tenemos referencia de que lo hubiera hecho antes.

El argentino Osvaldo Forte quedó en segundo lugar, en la categoría semicompleto, con un total de 370.5 kilos, por debajo de los 437.5 de Tomy Kono, con la que batió dos marcas mundiales. En los pesados ligeros, el compatriota Carlos Fiegeshifers obtuvo el tercer lugar, con 367.550 kilos.

En boxeo, el argentino de los pesos *welter*, Nicolás Nigri Stringriani, se anotó un K.O.T. en el tercer *round*, contra Vicente Goitía de Venezuela.

Argentina sigue de puntero en el fútbol, con dos ganados sin derrota. Le sigue México, con dos y uno; Venezuela con un empate y uno perdido y Nederlande, con dos reveses.

Con igual fecha vemos en *Noticias Gráficas*: NUESTRO *TEAM* JUVENIL SUPERÓ EN FORMA BRILLANTE AL DE VENEZUELA.

MÉXICO, 15 (AL).- Una brillante exhibición de fútbol brindó el seleccionado juvenil de la Argentina... Sigue una larga descripción del juego. Veamos otra de las noticias: México derrotó a Cuba en Basquetbol.

MÉXICO, 15 (AL).- Abundante en tanto fue la característica del partido que sostuvieron los dos equipos...

México se adjudicó el triunfo por 89 a 74 en un cotejo de acciones intensamente disputadas.

EE.UU. logró tres de las cuatro medallas de oro de atletismo y alcanzaron sorprendente victoria en béisbol y *water polo.* En esta última disciplina la Agencia Latina informó, que la mala actuación del árbitro brasileño les quitó el triunfo, pero Argentina acortó la brecha que divide a ambos países, al acumular puntos en esgrima, levantamiento de pesas y atletismo.

MIÉRCOLES 16

Aunque no fue fondista, tuvo que hacer grandes caminatas cuando realizó los dos recorridos por América Latina, por lo que no le es ajeno el gran esfuerzo de estos atletas en su competencia.

EL FONDISTA ARGENTINO ACAPARA LOS ELOGIOS; SOBRESALE E. MOREA

MÉXICO. 16 (AL).- Osvaldo Suárez corredor de fondo de la Argentina, se ha elevado al primer plano en los comentarios periodísticos, como consecuencia de sus dos notables victorias en los Segundos Juegos Deportivos Panamericanos. Suárez, el único hombre hasta ahora ganador de dos medallas de oro, merced a sus estupendas hazañas en los 10 000 y 5 000 metros, acapara los elogios de los críticos deportivos...

Continúa la crónica exponiendo cómo venció en los 5 000 metros al estadounidense Horace Ashenfelter, por medio de un gran *sprint*, en los 125 metros finales, lo aventajó por contados pasos. El gaucho ostentaba el número 48.

En el tenis, Argentina y México disputarán las finales de dobles femenino y mixto en el torneo de los Segundos Juegos Panamericanos, mientras que para las semifinales de individuales masculino se han clasificado un argentino, dos estadounidenses y un chileno.

En la esgrima, dos argentinos, tres estadounidenses y por Uruguay, Colombia y Brasil uno per cápita, pasaron a las semifinales en la disputa de florete individual.

En la semifinal de peso pluma, el argentino Osvaldo Candete propinó en el segundo *round*, un *knockout* técnico al venezolano Carlos Rodríguez. El liviano Ángel Péndola, derrotó en el primer *round* por la misma vía al mexicano Manuel Fuentes. Otro compatriota, Carlos Rivero, de los *welter*, triunfó de igual forma en el segundo *round* frente a Ernesto Talamentes. En la última pelea el gaucho Arnaldo Serrá perdió por *knockout* técnico, que le propinó el chileno Miguel Saflate.

Basketbol. Argentina derrotó a México y mantiene el primer lugar, con 2 ganados, sin revés, le sigue México y Cuba con 1 y 1, Estados

Unidos con 1 ganado, Venezuela con 2 derrotas y Brasil con 1. Todos con igual cantidad de juegos.

JUEVES 17

SOBRESALIENTE ACTUACIÓN DE ARGENTINA EN LOS PANAMERICANOS

Los representantes latinoamericanos y muy especialmente los argentinos tuvieron hoy un día sobresaliente en los II Juegos Panamericanos, a pesar de que Estados Unidos continuó acumulando puntos en la clasificación extraoficial y totaliza ahora 335 puntos contra 102 de Argentina que le sigue. Argentina virtualmente aseguró el campeonato de basketbol masculino al vencer a su adversario tradicional, EE.UU. por un solo punto de diferencia en un partido emocionante. El equipo Ríoplatense, que anoche ganó, solo tiene ahora como rival de consideración a Brasil, que hace pocos días fue ampliamente derrotado por los estadounidenses.

Por lo que se refiere al torneo de fútbol, Argentina venció fácilmente a México, único país al que se juzgaba con cierta categoría como para hacer peligrar sus posibilidades.Este campeonato se realiza en dos ruedas y hasta ahora solo se ha cumplido una, pero los argentinos han demostrado tal seguridad sobre sus tres adversarios que se descuenta que lograran el título.

ARGENTINOS QUE HAN OBTENIDO TÍTULOS Y CLASIFICADO

En la segunda prueba eliminatoria de los 1 500 metros, Miranda en primer lugar con una marca de 4.06.4. En tenis, Enrique Moere y Alejo Russell, clasificaron para el final doble. En la esgrima, Fluvio Galimi y S. Massini obtuvieron el tercero y cuarto lugar en el torneo individual de florete. En lucha en el peso mosca ganó Manuel Varela, en los gallo, Omar Biebel y en los livianos Alberto Longarela.

En remo en las eliminatorias de *single scull* clasificó Noberto Bataglia y en dos remos largos con timonel clasificó Argentina y en dos remos cortos Argentina derrotó a los Estados Unidos.

En *water polo*, Argentina venció a Antillas Holandesas 12 por 0. En volibol masculino Argentina se mantiene invicta con tres triunfos. En boxeo clasificó en los pesos livianos Nicolás Nigri. En los medianos pesados Abel Omar Escalante y en los pesados Alesci (sic) Pablo Mitef.

El informativo *El Mundo* hace referencia a seis argentinos se imponen en lucha. El cable es de AL con la misma fecha.

VIERNES 18

FUERTE LUCHA ENTRE ARGENTINA Y MÉXICO POR EL SEGUNDO LUGAR DE LOS II JUEGOS PANAMERICANOS

Los mexicanos han logrado una mayor puntuación y pasaron a ocupar el tercer lugar, al obtener 50 puntos en las competencias de hoy, para totalizar 93. Los Estados Unidos que en 5 días de competencia ha acumulado 412 puntos, se mantiene al frente de los Juegos Panamericanos, seguido por Argentina con 120. Chile ocupa el cuarto lugar y Brasil el quinto con 61 y 56 1/2 puntos respectivamente.

Argentina, México y Estados Unidos resultaron finalistas en la clasificación de espada por equipos y mañana disputarán el campeonato de dicha prueba.

Un día más tarde los espadistas argentinos, que se mantienen en primer lugar, discutirán las semifinales y finales de ese evento, en que tendrán que dirimir supremacías con Venezuela, México, Brasil y Estados Unidos.

En el tiro de pistola, el equipo argentino ocupa el segundo lugar con 2 619, aventajando a México por solo un punto, 2 618, Brasil 2 598 y el Salvador 2 589. En carabina, los gauchos ocuparon el quinto lugar con 2 331 tantos.

La disciplina del tiro fue de las primeras que realizó Ernesto, ya que comenzó desde pequeño en los campos de tiro en Alta Gracia y a decir de quienes lo vieron entonces, era buen tirador.

En basketbol Argentina se mantiene en el primer lugar con tres ganados sin derrotas.

En la sección deportiva de *El Mundo* leemos: DERROTAN LOS ARGENTINOS A LOS BRASILEÑOS EN *WATER POLO:* 4 A 3

MÉXICO. 18 (AL).- Una difícil victoria conquistó la Argentina en *water polo* al derrotar por 4 a 3 a Brasil. Con este triunfo Argentina igualó en el primer puesto a Brasil y Estados Unidos. Mañana. Argentina enfrentará a México...

Sabemos que Ernesto fue un magnífico nadador, pero no conocemos que haya practicado el *water polo.*

En fútbol, los argentinos derrotaron a las Antillas Holandesas por 4 a 2 en la segunda rueda del torneo panamericano. Los antillanos ofrecieron un magnífico juego frente al poderoso once del Río de la Plata.

SÁBADO 19

RESUMEN DE ALGUNOS DEPORTES

Terminadas las pruebas de campo y pista, la natación, los remos y los jinetes fueron hoy el centro del escenario de los II Juegos Panamericanos. De las siete regatas efectuadas Argentina ganó cuatro y Estados Unidos tres. En la natación Estados Unidos ganaron dos pruebas, Argentina y México ganaron una respectivamente.

En béisbol, Santo Domingo derrotó a los Estados Unidos 10 por 7 y las Antillas Neerlandesas —inesperadamente— a México 11 por 7. Los dominicanos parecen ahora los probables ganadores en este deporte. En basket masculino, Argentina perdió con Brasil 61 por 57 y el ciclista venezolano Antonio Di Michelli batió el récord mundial en los finales del kilómetro contra reloj. Lo hizo en 1.9.80 segundos.

El mexicano Joaquín Capilla se coronó campeón de saltos ornamentales; Wandee Lee Waner, de Estados Unidos el de los 1 500 metros; Héctor Domínguez de la Argentina, el de los 200 metros (pecho), con nuevo récord; y Bertha Shittall, de Canadá, ganó la eliminación de los 100 metros (mariposa-damas). En *water polo,* la Argentina ganó a Estados Unidos 5 por 4 y Brasil a México 7 por 1.

En tenis el excampeón amateur estadounidense Art Larsen ganó el partido final al argentino Enrique Morea por 4-6, 9-7 y 6-2. La mexicana Rosa María Reyes ganó el partido final de tenis al derrotar a su compatriota Yolanda Ramírez por 28-6, 2-6 y 6-3.

Argentina conquistó el campeonato de fútbol al ganar a Venezuela 6 por 1 y las Antillas Holandesas ganaron a México 3 a 0. En la clasificación extraoficial por naciones, Estados Unidos ganaron hoy 105 puntos, la Argentina 82 y México 54.

En tiro, P. Armelia de Argentina, obtuvo 1 154 puntos y ganó el individual de tiro de calibre 22 en 3 posiciones.

DOMINGO 20

EN ATLETISMO SUPERAN DOS RÉCORDS MUNDIALES Y VARIOS PANAMERICANOS: (Este titular encabeza la crónica aparecida en *El Mundo.*)

MÉXICO, 20 (AL).- Dos récords mundiales y 15 panamericanos fue el saldo de las pruebas de atletismo para varones de los Segundos Juegos Panamericanos. En categoría damas se batieron cinco registros panamericanos.

Las marcas de mayor mérito fueron, indudablemente, el salto triple del brasileño Adhemar Ferreyra da Silva con 16m.23 y de 400 metros llanos del norteamericano Lou Jones con 45'4 10. El registro anterior era de George Rhoden de Jamaica con 45'810...

El acontecimiento de mayor relieve de los II Juegos Panamericanos del día de hoy para los argentinos ha sido las finales de boxeo, donde el equipo argentino obtuvo cuatro títulos, para quedar en primer lugar, relegando a un segundo lugar a Estados Unidos con tres y a México y a Venezuela con uno respectivamente.

El pluma argentino Osvaldo Cañete derrotó por decisión a Claudio Barriento de Chile, manteniéndolo en dificultades los tres asaltos y haciéndolo sangrar por la nariz en el segundo *round.* El ligero Ángel Péndola se coronó campeón panamericano al vencer por k.o. en el tercer *round* al puertorriqueño Gerardo Clemente. Por su parte, el medio liviano Carlos Rivero Fernández se adjudicó el título panamericano al vencer a William F. Morton de Estados Unidos y por decisión al brasileño Asao Waldemar. Los estadounidenses se llevaron los campeonatos en los pesos *welter*, medio ligeros y medio pesados. México obtuvo el de peso mosca. Venezuela logró el de peso gallo.

En basketbol, Argentina se mantiene al frente del torneo, en unión de Brasil y Estados Unidos.

En esgrima, el argentino Raúl Martínez logró el campeonato panamericano de espada con dispositivo eléctrico con un resultado perfecto de ocho triunfos sin reveses. El titular venció fácilmente a sus oponentes, para acumular mayor puntaje.

LUNES 21

Lo más sobresaliente del día de hoy en los II Juegos Panamericanos, ha sido la magnífica actuación del tirador argentino Enrique Díaz Sáenz Valiente y la obtención del campeonato de béisbol por los dominicanos. Díaz Sáenz Valiente se coronó campeón de tiro de velocidad sobre la silueta, estableciendo un nuevo récord panamericano con 589 puntos con lo que supera también el récord mundial de 584 puntos impuesto por el soviético Bonanov en el reciente torneo de Caracas, pero no podrá ser homologado como tal porque para ello hubiera tenido que ser registrado en un campeonato mundial.

Sin embargo, la rectificación de un fallo le hace perder otro título en el tiro.

MÉXICO. 21 (AL).- En las pruebas de carabina, a tres posiciones después de una revisación total de los blancos, la comisión anuló su fallo anterior y declaró campeón al norteamericano Arthur Jackson. Se adjudicó el segundo puesto el tirador argentino Pedro Armelia, que había empatado con Jackson, y a quien se consideraba vencedor, según fallo primitivo. (*El Mundo.*)

Para la jornada de hoy, lo más importante será el partido de *water polo* entre Argentina y Brasil, del que puede depender el campeonato de esa disciplina... No obstante el encuentro es sumamente difícil, ya que los cariocas solo han tenido dos reveses... Argentina logrará el título de *water polo* con un triunfo o una división de honores. Si perdiera, se originará un triple empate entre Argentina, Brasil y Estados Unidos.

En ciclismo, el argentino Jorge Batiz venció en los 1 000 metros *scratch* con 11.5 segundos para los últimos 200 metros y clasificar su equipo para las semifinales de persecución sobre 5 000 metros, que se efectuaron hoy.

Argentina, integrada por Ricardo Senn, Alberto Ferreira, Dulio Biganzoli y Clodomiro Cortoni, señala el mejor tiempo en las eliminatorias con 4 minutos 7 segundos y 8/10 y se medirá hoy en las semifinales con Estados Unidos. En la otra se enfrentarán Uruguay y México, y por los dos equipos ganadores disputarán más tarde la final.

El ciclismo también está entre los deportes más practicados por Ernesto, por lo que le debe haber sido de mucho agrado escribir sobre esta competencia.

Los argentinos ya tienen virtualmente asegurado el segundo lugar en la clasificación extraoficial de los Juegos Panamericanos, detrás de Estados Unidos, pues su ventaja sobre México es tan amplia que resulta imposible anular. En cambio existe interés por el cuarto puesto, objeto de equilibrada lucha entre Chile, Venezuela y Brasil, aunque los chilenos tienen por ahora un margen más o menos cómodo.

Ofrecemos a continuación un resumen de las competencias de hoy y de mañana de la representación argentina.

Natación. En las finales de los 200 metros participará el argentino Orlando Coassani.

Deporte ecuestre y gimnasia. Argentina obtuvo el tercer lugar. Desde pequeño el reportero Ernesto Guevara fue buen jinete, y de lo segundo debió practicar durante su bachillerato.

Esgrima. El equipo argentino se situó otra vez en el tercer puesto, con dos triunfos y dos reveses.

Basketbol. Argentina y Estados Unidos igualan en el torneo en cuanto a puntos, pues cada uno de ellos tiene un encuentro perdido, pero el título se decide por *goal average* y este favorece a los norteños.

Fútbol. Argentina, campeón invicto, debió esforzarse para no perder su último *match* del torneo contra México, que terminó empatado en tres goles. Los argentinos de todas maneras demostraron una cabal superioridad sobre sus tres rivales, pues ganaron cinco de sus seis partidos, igualaron el otro y tuvieron 23 goles a favor y solo siete en contra. El equipo campeón aventajó por seis puntos a México, que se clasificó segundo, gracias a su empate con Argentina.

MARTES 22

Argentina se mantiene en el segundo lugar en los II Juegos Panamericanos, con 523 puntos. Le antecede Estados Unidos con 1 165, el tercero lo ocupa México con 357.

En *waterpolo*, Argentina y Estados Unidos mantuvieron el empate derrotando los primeros al Brasil 5 a 3, y los segundos a las Antillas Holandesas 17 a 2.

En el ciclismo los argentinos mejoraron su propio récord en el torneo de persecución por equipos en 4 000 metros, ganado con un tiempo de 4.43.2. Con este triunfo se elevan a 27 medallas de oro obtenidas por dicha nación y alcanza los 523 puntos, superado por Estados Unidos con 1 075. El país sede ocupa el tercer lugar con 337.

En equitación, Argentina y México continúan solo participando en estas competencias de tres días.

MIÉRCOLES 23.

MÉXICO. 23 (AL).- El argentino Pedro Galvao se clasificó campeón panamericano en los 100 metros, estilo espalda... La nadadora argentina Ana María Schultz se clasificó finalista en la prueba de 400 metros libre, junto a Bats Whitmal. (EE.UU.)

...El argentino Oscar Kramer... se ubicó en el tercer puesto de los 400 metros libres... (*El Mundo.*)

Decididas ya las tres primeras posiciones de las clasificaciones extraoficiales de los juegos en favor de Estados Unidos, Argentina y México en el mismo orden, el interés principal a este respecto se concentra por el cuarto puesto, que se disputan Chile, Brasil y Venezuela.

En el ciclismo por carretera competirán diez naciones, con cerca de 40 atletas, que partirán a las ocho de la mañana. Los pedales argentinos, uruguayos y colombianos, son los favoritos en ese orden. La prueba durará unas cinco horas, con miles de espectadores a lo largo del recorrido.

JUEVES 24

Faltando solamente por computar las competencias hípicas con que terminarán los II Juegos Panamericanos, Estados Unidos tiene 1 161 puntos; Argentina 514 1/2; México 396; Chile 150; Brasil 137 1/2; Venezuela 130 1/2; Canadá 106; Cuba 75; Uruguay 57; Colombia 35; Antillas Holandesas 29 1/2; Puerto Rico 28; Panamá 15; Guatemala 15; República Dominicana 13; El Salvador 6; Trinidad 4 1/2; Paraguay 4; Costa Rica 0; y Bahama 0. Esta puntuación es extraoficial porque en las competencias solo se toma en cuenta la actuación personal de cada atleta, al igual que en las olimpiadas mundiales.

VIERNES 25

Argentina se coronó campeón en los siguientes deportes: fútbol, boxeo, *water polo* y quedó empatado en el primer lugar, en la lucha. En *basketball*, aunque quedó empatado en juegos, se perdió el primer lugar por gol average.

MÉXICO. 25 (AL).- El certamen de sable permitió a tres destacados argentinos alcanzar sobresaliente figuración, pues lograron clasificar semifinalistas. Son ellos: Fernando Ignacio Huergo, Florencio G. Walkins y Daniel Sande. Huergo conquistó cuatro victorias y sufrió una derrota en el grupo que le correspondió actuar... Walkin se clasificó para semifinales con cuatro victorias y una derrota... Sande clasificó en el tercer grupo con cuatro excelentes triunfos y un revés... Carlos de la Serna, teniente del ejército... ganó en la prueba de salto con obstáculo..., tercera y última prueba del concurso de equitación.

SÁBADO 26. CLAUSURA DE LOS II JUEGOS PANAMERICANOS

El cierre de los juegos más importantes del continente Americano fue similar a la inauguración en cuanto a las representaciones oficiales del Gobierno mexicano y de las distintas organizaciones deportivas. También lo fue en el engalanamiento del Estadio Universitario y la asistencia del público. Sin embargo, no se comportó de igual manera en cuanto a la cantidad de atletas por países, ya que a medida que se cumplían los programas del evento los competidores regresaban a sus respectivos países. La prensa azteca ofreció amplia información del acontecimiento.

BIBLIOGRAFÍA

Bayo, Alberto: **Mi aporte a la Revolución Cubana**. Imprenta Ejército Rebelde. La Habana, 1960.

Cupull, Adys y Froilán González: **Ernestito vivo y presente**. Editora Política, La Habana, 1989.

Gadea Costa, Hilda: **Che Guevara. Años decisivos**. M. Aguilar Editor. Edición mexicana, 1978.

Gálvez, William: **Viajes y aventuras del joven Ernesto**. (En edición.)

Granado, Alberto: **Con el Che por Sudamérica**. Letras Cubanas. La Habana, 1986.

Guevara Lynch, Ernesto: ...**Aquí va un soldado de América**. Editorial Planeta Argentina. S. A. Buenos Aires, 1990.

——————————: **Mi hijo el Che**. Sudamericana Planeta, S.A, Barcelona. Impreso en Argentina, 1984.

Guevara de la Serna, Ernesto: **Notas de viaje**. Ediciones Abril-SODEPAZ. La Habana. Madrid, 1992.

PERIÓDICOS

Prensa Libre

Revolución

Granma

Juventud Rebelde

REVISTAS

Tackle. (Argentina, 1951)

Verde Olivo

Bohemia

Jaque Mate

El Deporte, derecho del Pueblo

Cuba
Prisma
Semanario Deportivo L PV

TESTIMONIANTES

Agüero, Caridad
Ahumada, Roberto
Alarcón, Dariel, Benigno
Arbesú A., José
Barreras, José Luis
Besudo, León
Betancourt, Félix
Ble, Miguel, Blacamán
Borrego, Orlando
Boti, Regino
Cabrera, Pablo
Cantallop, Aroldo
Duarte, Rodolfo
Estrada, Ulises
Ferrer, Calica
Ferrer, Colman
Fontaine, Elgin
García, Ángel
García Gutiérrez, Luis C., Fisín
Granado, Alberto
Granado, Gregorio
Granado, Tomás
Guillén Zelaya, Alfonso (fallecido)
Guerra Matos, Felipe
Guevara, Ana María
Guevara, Celia
Guevara, Roberto
Guzmán, Arturo
Jiménez Nuñez, Antonio
Jiménez, Eleazar
Llanuza, José

Mitrani, David
Rosell, Severino
Rodríguez, Calixto
Ojalbo, José Luis
Valdés, Ramiro

ÍNDICE